T0287674

Dalái Lama

La mente despierta

Cultivar la sabiduría
en la vida cotidiana

Edición y prólogo de Nicholas Vreeland
Epílogo de Richard Gere

Traducción del inglés de
María Tabuyo y Agustín López Tobajas

editorial Kairós

Título original: A PROFOUND MIND: CULTIVATING WISDOM IN EVERYDAY LIFE
BY THE DALAI LAMA AND NICHOLAS VREELAND

© 2011 by The Dalai Lama
© del prólogo: 2011 by Nicholas Vreeland
© del epílogo: 2011 by Richard Gere
© de la edición en castellano:
   2013 by Editorial Kairós, S.A.
   Numancia 117-121, 08029 Barcelona, España
   www.editorialkairos.com
© de la traducción del inglés al castellano: María Tabuyo y Agustín López Tobajas

Fotocomposición: Moelmo, S.C.P. Girona, 53. 08009 Barcelona
Diseño cubierta: Katrien van Steen
Impresión y encuadernación: Índice. Fluvià, 81-87. 08019 Barcelona

Primera edición: Septiembre 2013
ISBN: 978-84-9988-303-8
Depósito legal: B 16.076-2013

Este libro ha sido impreso con papel certificado FSC, proviene de fuentes
respetuosas con la sociedad y el medio ambiente y cuenta con los
requisitos necesarios para ser considerado un "libro amigo de los bosques".

Sumario

Prólogo

Prologo

Tal vez la diferencia principal entre el budismo y las demás tradiciones religiosas del mundo radique en la presentación de su identidad central. La existencia del alma o sí-mismo, que se afirma de diferentes maneras en el hinduismo, el judaísmo, el cristianismo y el islam, no solo se niega firmemente en el budismo, sino que se identifica como la fuente de toda nuestra desdicha. La senda budista es, fundamentalmente, un proceso de aprender a reconocer la inexistencia esencial del sí-mismo, al tiempo que se intenta ayudar a otros a reconocerlo de este modo.

El mero reconocimiento de la inexistencia de un sí-mismo central nos libera de nuestras dificultades. Debemos cultivar una mente profunda ahondando nuestra comprensión y fortaleciéndola a través de la contemplación y el estudio lógico.

Y para que esta mente profunda se convierta en la mente omnisciente de un Buda capaz de dirigir eficazmente a otros en su camino a la iluminación, debe estar motivada por algo más que el deseo de alcanzar uno mismo la paz.

En 2003, Khyongla Rato Rinpoche, fundador de Kunkhyab Thardo Ling («Tierra impregnada por los buscadores de la liberación», conocido por lo demás como Centro Tibetano), se unió a Richard Gere y su organización benéfica Healing the Divide para invitar a Su Santidad el Dalái Lama a la ciudad de Nueva York. Preguntaron al Dalái Lama si hablaría en particular de la idea budista de carencia de sí-mismo, tal como se expone en *Textos fundamentales de las filosofías de la India – El rugido del león*, un texto tibetano de Jamyang Shepa, erudito distinguido por su conocimiento de las diferentes visiones filosóficas existentes en la India en el apogeo del budismo. Para que las conferencias de Su Santidad incluyeran un aspecto práctico, le pidieron que hablara también sobre la técnica de meditación esbozada en *Siete puntos sobre el adiestramiento de la mente*, un breve tratado redactado en el siglo XII por el célebre practicante tibetano Chekawa Yeshe Dorje.

Unos años más tarde, en 2007, Khyongla Rato Rinpoche y Richard Gere invitaron de nuevo a Su Santidad a Nueva York, esta vez para que impartiera su enseñanza sobre el *Sutra del cortador de diamante*, un discurso clásico del Buda sobre el vacío inherente a todo lo que existe. El Dalái Lama incluyó también en esta visita una exposición sobre los *Setenta versos sobre la vacuidad*, de Nagarjuna, el filósofo budista del siglo II considerado por muchos el más insigne intérprete individual de las enseñanzas, a menudo provocadoras y aparentemente paradójicas, sobre el vacío.

A lo largo de estas charlas, Su Santidad trató de guiar a su auditorio a través de las complejidades de la doctrina budista de la ausencia de un sí-mismo y de mostrarles también cómo plasmar de forma activa esas enseñanzas en su propia vida. Realmente, es vivir esas enseñanzas lo que permite llevar a cabo una transformación auténtica en nuestra percepción de nosotros mismos y de nuestra vida.

Este libro ha surgido de esas charlas, todas ellas maravillosamente traducidas al inglés por Geshe Thupten Jinpa. Se ofrecen con la sincera esperanza de que pueda promover la comprensión en Occidente de la doctrina budista de la ausencia de sí-mismo y su utilización para vivir una vida más profunda y feliz.

Quiero hacer llegar mi sincero agradecimiento a todos aquellos que me ayudaron en la preparación de este volumen y advertir al lector, al mismo tiempo, de que cualquier error que se pueda detectar en él es responsabilidad exclusivamente mía.

NICHOLAS VREELAND

Introducción

Tengo la esperanza de que con este libro podamos explorar las creencias verdaderas del budismo, de manera que se puedan disipar todas las ideas falsas al respecto. Espero también que este libro pueda ayudar a quienes practican otra religión a comprender mejor las creencias de una tradición religiosa distinta a la suya. Si hay algo en él que deseen incorporar a su práctica, espero que lo hagan con provecho.

Examinaremos algunas de las interpretaciones filosóficas de las enseñanzas del Buda hace más de 2.500 años y analizaremos temas como el vacío y la originación dependiente. Hablaremos luego de cómo cultivarlos, así como de la mente altruista de la iluminación, que en sánscrito llamamos *bodhicitta*.

Según vayamos progresando, deberemos aplicar lo que aprendemos. Hay un dicho tibetano que afirma que no debe haber un hueco tan amplio entre nuestro estado mental y la realidad misma que está siendo enseñada como para que podamos caer en él. Cuando leas, espero que relaciones lo que estás oyendo con tu propia experiencia personal; esto es lo que yo intento hacer cuando enseño.

Si la materia que trato de impartir sigue siendo oscura para mí, ¿cómo puedo transmitir su significado a los demás? Aunque no pretendo tener un gran dominio sobre los temas que aquí vamos a tratar, en un tema tan importante como me parece que es este, una comprensión mediocre es, en todo caso, mucho mejor que una ausencia total de ella. De la lectura de un libro que se deriva de mi mediocre comprensión solo se podrá esperar conseguir una comprensión que sea en parte conocimiento y, en parte, ignorancia. Pero también eso es mucho mejor que no tener ninguna comprensión.

1

Las diversas tradiciones espirituales

Los budistas creemos que somos responsables de la calidad de nuestra vida, de nuestra felicidad y de nuestros recursos. Para llegar a tener una vida con sentido debemos transformar nuestras emociones, porque esta es la manera más eficaz de generar felicidad en el futuro para nosotros mismos y para todos los demás.

Nadie nos puede obligar a transformar nuestra mente, ni siquiera el Buda. Debemos hacerlo voluntariamente. Por eso el Buda afirmó: «Tú eres tu propio maestro».

Nuestros esfuerzos deben ser realistas. Debemos constatar por nosotros mismos que los métodos que seguimos producirán los resultados deseados. No podemos solo depender de la fe. Es esencial que escudriñemos el camino que pretendemos seguir para establecer claramente qué es y qué no es eficaz, a fin de que los métodos de nuestros esfuerzos puedan tener éxito. Creo que esto es esencial si deseamos encontrar una felicidad auténtica en la vida.

Siento cierta vacilación al hablar de una tradición espiritual que puede no ser la del lector. Existen muchas religiones excelentes que, a lo largo de los siglos, han ayudado a sus seguidores a alcanzar paz mental y felicidad. No obstante, puede haber algunos aspectos del budismo que se podrían incorporar a la práctica espiritual de cada cual.

Sucede también que algunos de vosotros habéis dejado a un lado vuestra religión y estáis buscando respuestas en otro lugar a vuestras preguntas más profundas. Puede que sintáis una inclinación hacia las filosofías orientales, con su creencia en el karma y en las vidas pasadas. Algunos jóvenes tibetanos han rechazado de manera similar sus orígenes budistas, buscando solaz espiritual en el cristianismo y en el islam.

Por desgracia, muchos de quienes pertenecen a las diversas tradiciones del budismo, incluidos chinos, japoneses, tailandeses y ceilandeses, se consideran simplemente budistas sin conocer realmente el significado de la palabra del Buda. Nagarjuna, uno de los más notables estudiosos y practicantes del budismo, escribió muchas obras explicativas sobre el pensamiento y la práctica budistas que reflejan la necesidad de conocer bien la enseñanza del Buda. Para desarrollar nuestro entendimiento, debemos estudiar esas enseñanzas. Si la comprensión profunda no fuera tan crucial para nuestra práctica del budismo, dudo que los grandes estudiosos del pasado se hubieran molestado en escribir sus importantes tratados.

Han surgido muchas concepciones erróneas acerca del budismo, particularmente acerca del budismo tibetano, al que se describe a menudo como misterioso y esotérico, incluyendo la adoración de deidades coléricas y sedientas de sangre. Pienso que los tibetanos, con nuestra afición a las ceremonias recargadas y a los trajes complicados, somos en parte responsables de ello. Aunque gran parte del ritual de nuestra práctica nos ha llegado del propio Buda, seguramente somos culpables de algún embellecimiento. Tal vez el clima frío del Tíbet ha sido una justificación para nuestros excesos en el vestir. Los lamas tibetanos –nuestros maestros– también son responsables de ideas falsas. Todo pueblecito tenía su propio monasterio, con una lama residente que presidía la sociedad local. Esta tradición ha llegado a identificarse, erróneamente, como lamaísmo, sugiriendo que la nuestra es una religión separada del budismo.

En este tiempo de globalización me parece particularmente importante que nos familiaricemos con las creencias de los demás. Las grandes ciudades de Occidente, con su aire multicultural, han llegado a ser verdaderos microcosmos de nuestro planeta. Todas las religiones del mundo viven aquí una al lado de otra. Para que exista armonía entre estas comunidades es esencial que cada uno de nosotros conozca las creencias de los otros.

¿Por qué existen filosofías tan diversas con tantas tradiciones espirituales basadas en ellas? Desde el punto de vista budista, reconocemos la gran diversidad de inclinaciones y tendencias mentales de los seres humanos. No solo todos los seres humanos somos muy diferentes unos de otros, sino que también nuestras tendencias –que los budistas consideramos que se heredan de las vidas pasadas– varían en una gran medida. Dada la diversidad que esto supone, es comprensible que encontremos un inmenso espectro de sistemas filosóficos y tradiciones espirituales. Son un importante patrimonio de la humanidad, que sirve a las necesidades humanas. Debemos apreciar el valor de la diversidad filosófica y espiritual.

Incluso dentro del ámbito de las enseñanzas del Buda Shakyamuni encontramos una diversidad de posturas filosóficas. Hay veces en las que el Buda plantea explícitamente que las partes físicas y mentales que nos constituyen a cada uno de nosotros puede compararse a la carga llevada por una persona, sugiriendo que la persona existe como un sí-mismo –un "yo"– autónomo que posee y gobierna "mis" partes. En otras enseñanzas, el Buda rechaza de forma absoluta cualquier existencia objetiva. Aceptamos la diversidad de las enseñanzas del Buda como un reflejo de su hábil capacidad para abordar la gran variedad de inclinaciones mentales de sus diversos seguidores.

Cuando examinamos las tradiciones espirituales que existen en el mundo, descubrimos que todas coinciden en la importancia de la práctica ética. Incluso los antiguos indios –nihilistas que negaban cualquier forma de vida después de la muerte– afirmaban que, puesto que esta es nuestra única vida, es importante conducirse en ella moralmente, disciplinando la mente y tratando de mejorarnos a nosotros mismos.

Todas las tradiciones espirituales pretenden superar nuestro sufrimiento, tanto pasajero como a largo plazo, para alcanzar una felicidad duradera. Ninguna religión trata de hacernos más desdichados. Descubrimos que la compasión y la sabiduría son las cualidades fundamentales de Dios que se describen en las diversas tradiciones teístas. En ninguna tradición religiosa se concibe la divinidad como la encarnación del odio o la hostilidad. Esto es así porque la compasión y la sabiduría son cualidades que los seres humanos, de manera natural y espontánea, consideran virtuosas. Al intuir que estas cualidades son deseables, las proyectamos de forma natural sobre nuestras concepciones de lo divino.

Creo que si de verdad estamos consagrados a Dios, nuestro amor por Dios se expresará necesariamente en nuestra conducta diaria, sobre todo en la manera en que tratamos a los demás. Comportarse de otra manera haría que nuestro amor a Dios resultase inútil.

Cuando hablé, en un servicio conmemorativo interreligioso celebrado en la National Cathedral, en Washington D.C., en septiembre de 2003, para conmemorar a las víctimas de la tragedia vivida el 11 de septiembre de 2001, sentí que era importante expresar mi temor de que alguien pudiera considerar que el islam es una religión beligerante. Advertí de que eso sería una grave equivocación, porque, en su núcleo, el islam tiene los mismos valores éticos que todas las demás grandes tradiciones religiosas del mundo, con un énfasis particular en la bondad hacia los otros. Siempre me ha impresionado la atención especial que el islam ha prestado a la justicia social, especialmente su prohibición de la explotación financiera mediante los intereses, así como su prohibición de las sustancias tóxicas. Según mis amigos musulmanes, ningún practicante auténtico del islam puede justificar de ninguna manera el infligir daño a otro ser humano. Subrayan que quien hace daño a otro en nombre del islam no es un verdadero musulmán. Es importante asegurarse de no caer en la tentación de criticar al islam por las faltas de individuos que tan mal representan a una de las grandes religiones del mundo.

Me alienta el haber conocido a monjes y monjas cristianos consagrados, así como a rabinos judíos, que, aun permaneciendo profundamente fieles a su tradición religiosa, han adoptado algunas prácticas budistas que les parecían beneficiosas. Cuando el Buda Shakyamuni enseñó el budismo por primera vez, presentando al mundo una filosofía y una práctica espiritual nuevas, hace 2.500 años, no dejó de incorporar elementos útiles que tenían su origen en otros lugares. Al hacerlo, incluyó muchas creencias y prácticas ya existentes, como la aceptación de las vidas pasadas y el cultivo de la concentración mental.

En nuestra indagación para conocer más sobre otras religiones y las ideas que sostienen, es importante permanecer fieles a nuestra propia fe. En mi opinión, es mucho más sabio y más seguro permanecer dentro de la propia tradición religiosa, pues con frecuencia nos emocionamos demasiado con un hallazgo nuevo, pero después nos sentimos insatisfechos. Existe el peligro de que enfoquemos nuestro interés inicial hacia el budismo con el entusiasmo de un novicio y posteriormente nos desencantemos. En mi primera visita a la India, en 1956, conocí a una monja budista europea que parecía especialmente entregada a la práctica de su recién adoptada religión. Cuando volví a la India como refugiado en 1959, pregunté por esa persona, y me dijeron que, aunque inicialmente se había mostrado muy ferviente en su práctica, al volver a su país natal se había vuelto muy crítica con el budismo.

Recuerdo también a una mujer polaca que se había hecho miembro de la Sociedad Teosófica en Madrás en los años 1940. Se mostró muy colaboradora con mis compañeros tibetanos a la hora de crear un sistema de educación para nuestros niños refugiados. Se interesó profundamente en el budismo y, en algún momento, pareció que se había hecho budista. Sin embargo, más tarde, cuando ya había cumplido ochenta años y se acercaba el momento crítico de su muerte, el concepto de un ser creador parecía consumirla, causándole mucha confusión. Por consiguiente, le aconsejé que pensara en Dios, que sintiera amor por Dios, y que rezara a su idea de Dios. Por esta razón subrayo la importancia de mantenernos dentro de nuestra propia tradición. Cambiar de religión sin analizar seriamente la que estamos adoptando no nos llevará a la felicidad que buscamos.

¿Cuál es el sentido de la vida?

Aunque la riqueza pueda ser muy importante para nuestra felicidad, no creo que lo sea todo. La mera riqueza no consigue procurarnos una satisfacción interior profunda. Todos sabemos que la tristeza con frecuencia acompaña a la prosperidad. Creo también que los buenos compañeros son algo secundario. Aunque un esposo o una esposa puedan proporcionar un consuelo pasajero a los dolores de la vida, no creo que familia y amigos puedan aportar en definitiva la verdadera felicidad interior que andamos buscando. Los seres queridos a menudo traen más inquietud a nuestra vida, mientras que una mente tranquila y pacífica confiere una felicidad profunda que incluso puede afectar a nuestro estado físico.

Una mente inteligente, con cierta cualidad de calma y compasión, tiene el potencial de desarrollarse como una mente auténticamente pacífica, que nos aporta felicidad a nosotros y a quienes nos rodean. ¿Cómo podemos alcanzar una mente tranquila, pacífica? Las bebidas alcohólicas y las sustancias embriagantes no son la respuesta. Tal vez pensemos que la solución se encuentra en la simplicidad propia de los animales, pero su estado mental es limitado y no son capaces de elevarse.

Considero que la compasión es la cualidad mental que puede procurarnos una paz y una fuerza interior auténticas y duraderas. La cultivamos usando nuestra inteligencia para transformar nuestras emociones. Reducimos nuestras emociones destructivas, inducidas de manera egoísta, y aumentamos las constructivas y desinteresadas, lo que nos produce felicidad con nosotros mismos y con los otros.

Nacemos con un potencial básico para la compasión que es esencial para nuestra existencia continuada. Aunque emociones como el miedo y el odio puedan también ser vitales para nuestra supervivencia, nuestras complicadas mentes son fácilmente convencidas por la falsa confianza que la ira puede instilar en nosotros. Descuidamos las emociones más positivas y pasamos por alto nuestro sentimiento de respeto por los otros, nuestra responsabilidad cívica y nuestro deseo de compartir los problemas de los demás. Con esos falsos sentimientos de independencia sentimos que no tenemos ninguna necesidad de los otros. Este sentimiento inflado del sí-mismo nos aleja de la paz interior y de la felicidad que buscamos y afecta a los que nos rodean de manera igualmente negativa.

La noción budista del sí-mismo

La humanidad ha desarrollado varias tradiciones religiosas, algunas de las cuales implican la creencia en un ser creador –un Dios– y otras no. De las religiones no teístas, solo el budismo y el jainismo se siguen practicando en la actualidad. Aunque la antigua filosofía india Samkya tenía una rama teísta que creía en Brahma, el creador, y otra no teísta, no he conocido a ningún adepto, y me pregunto si todavía existe alguno.

De estas tres visiones no teístas, los jainas y los samkyas no teístas plantean un sí-mismo o "yo" independiente, al que llaman *atman*. Los budistas niegan la existencia de este sí-mismo independiente. La diferenciación entre las escuelas filosóficas budistas y no budistas de la India antigua está por lo tanto determinada por la aceptación o el rechazo de un sí-mismo eterno, duradero y permanente.

Aunque en el budismo hablemos de un sí-mismo, si mantenemos algún concepto de "yo" es solo para designarlo, o identificarlo, en relación con el cuerpo y la mente que nos constituyen.

Las tres visiones no teístas comparten la convicción de que la ley de causalidad –karma– es responsable de todo lo que, de otra manera, podría ser atribuido a un creador.

Originación dependiente

Una diferencia radical que existe entre los budistas y los no budistas se refiere al principio de la originación dependiente: *pratityasamutpada*. En un nivel ordinario, la originación dependiente se refiere simplemente a la dependencia de cualquier cosa de unas causas y condiciones, y explica la génesis de todo en términos de causa y efecto. A la originación dependiente se debe, por ejemplo, que la práctica espiritual sea efectiva y produzca cambios interiores. Según los budistas, esos cambios no se producen a causa del deseo de Dios, sino que suceden como resultado de nuestra puesta en práctica de las causas correctas. Esta es la razón de que el Buda dijera que somos nuestros propios maestros. Dado que nuestro bienestar futuro está en nuestras manos, somos nosotros –mediante nuestro comportamiento– quienes determinamos si nuestro futuro será feliz o no.

2

Lo distintivo del budismo

El budismo se puede distinguir de otras tradiciones religiosas y escuelas filosóficas por cuatro "sellos". Estos son las marcas o características del budismo.

La primera de ellas es la afirmación de que todas las cosas condicionadas son impermanentes y transitorias. Esto es algo que conocemos íntimamente cuando observamos nuestro propio proceso de envejecimiento. También podemos ver reflejos de impermanencia en el mundo físico que nos rodea, pues cambia de día en día, de estación en estación y de año en año.

La impermanencia no se limita al desgaste y desintegración final de las cosas; puede ser más sutil. Las cosas existen solo de manera momentánea, siendo cada momento de su existencia la causa del siguiente, que, a su vez, es causa entonces del siguiente. Tomemos por ejemplo una manzana. El primer día, o el segundo, puede seguir teniendo una apariencia y un estado de maduración muy similar al de la manzana tal como la consideramos inicialmente. Sin embargo, con el paso del tiempo, irá madurando más y más, y al final se pudrirá. Si dejamos pasar el tiempo suficiente, se desintegrará y se convertirá en algo que ya no identificamos con una manzana. Finalmente, cuando se haya descompuesto por completo, no habrá manzana en absoluto. Esta es una manifestación del aspecto más vulgar de la impermanencia.

En un nivel más sutil, la manzana cambia de un momento a otro, y cada momento es la causa del siguiente. Cuando reconocemos esta naturaleza momentánea de la manzana, se vuelve difícil afirmar que existe una manzana subyacente que es poseedora de esos momentos de su existencia.

Esta cualidad transitoria es también una característica de nosotros mismos. Existimos momentáneamente, cada momento de nuestra existencia es causa del siguiente, que luego es, a su vez, causa del siguiente, proceso que continúa día tras día, mes tras mes, año tras año, y, tal vez, incluso vida tras vida.

Esto es cierto también de nuestro entorno. Incluso los objetos más aparentemente concretos y duraderos que nos rodean, como las montañas y los valles, cambian con el paso del tiempo –a lo largo de millones de años– y al final desaparecerán. Esa transformación enorme solo es posible debido al proceso de cambio constante que se desarrolla momento a momento. Si no se produjeran tales cambios momentáneos, no podría haber grandes cambios en un período dilatado de tiempo.

Dharmakirti, el lógico budista del siglo VII, afirmaba que «todos los fenómenos que surgen de causas y condiciones son por naturaleza impermanentes». Esto sugiere que todo lo que ha nacido debido a la agregación de diversas causas y condiciones está, por su propia naturaleza, sometido al cambio. ¿Qué es lo que produce este cambio? Los budistas sostenemos que las mismas causas que hacen que algo aparezca en la existencia son las responsables de su evolución. Por lo tanto, decimos que las cosas están bajo el poder de otras causas y condiciones: son dependientes.

Algunos pensadores budistas aceptan que la impermanencia de nuestra manzana se debe meramente a que viene a la existencia, perdura y luego se descompone, dejando al final de existir por completo. La mayoría de los budistas comprenden que la impermanencia de la manzana es su naturaleza momentánea: su existencia momento a momento a momento..., con cada momento de nuestra manzana terminando cuando el momento siguiente comienza. Considerarían que las mismas causas y condiciones que hacen que surja nuestra manzana –la semilla que se transformó en el árbol del que cogimos nuestra manzana, la tierra en la que creció el árbol, la lluvia que lo regó, el sol y el fertilizante que nutrió el desarrollo de la semilla para que se convirtiera en árbol– son las causas y condiciones que producen la desintegración de nuestra manzana, no siendo necesaria ninguna otra causa.

¿Cuáles son las causas y condiciones de nuestra existencia individual, de la vuestra y de la mía? Nuestro momento de existencia presente está causado por su momento inmediatamente precedente, remontándose así hasta el momento de nuestro nacimiento, y más atrás, a través de los nueve meses en el vientre de nuestra madre, hasta el momento de la concepción. Es en la concepción donde se origina nuestro cuerpo físico por la unión del semen de nuestro padre y el óvulo de nuestra madre. Es también en la concepción donde, según el budismo, nuestro aspecto mental o conciencia –no el ser físico– es causado por el momento previo de esa conciencia, la corriente de momentos que se retrotrae, a través de las experiencias entre las vidas, a nuestra vida pasada y a la vida anterior a esa, y a la anterior..., y así sucesivamente hasta las vidas infinitas.

Se dice que la causa raíz de nuestra existencia no iluminada en este ciclo de renacimientos –*samsara* en sánscrito– es nuestra ignorancia fundamental: nuestra actitud de aferrarnos a la sensación del sí-mismo. A través de este libro exploraremos las opiniones de diferentes budistas sobre esta actitud ignorante de aferrarse al sí-mismo. Es un tema esencial, porque el budismo interpreta que su supresión es el camino a la paz y felicidad verdaderas.

También debemos identificar inicialmente las causas y condiciones que dan forma a nuestra existencia ignorante en el *samsara*. Estas son las actitudes mentales aflictivas como el deseo, la aversión, el orgullo y los celos. Son aflictivas porque nos producen infelicidad.

Nuestro deseo hace que anhelemos más y que estemos siempre insatisfechos con lo que tenemos. Posteriormente renacemos en situación de necesidad e insatisfacción. La aversión disminuye nuestra paciencia y aumenta la tendencia a la ira. De forma semejante, todas nuestras aflicciones –el orgullo, los celos– socavan nuestra paz mental y hacen que seamos desgraciados.

Esas aflicciones mentales han dominado nuestras acciones durante infinitas vidas pasadas. Por consiguiente, nuestra existencia condicionada se describe como una realidad contaminada en la que nuestros pensamientos están contaminados por las emociones. En la medida en que estamos bajo la influencia de esas emociones, no tenemos control sobre nosotros mismos; no somos verdaderamente libres. Debido a ello, nuestra existencia es fundamentalmente insatisfactoria y posee la naturaleza del sufrimiento.

Poco después de alcanzar la iluminación, el Buda Shakyamuni impartió su enseñanza sobre el sufrimiento. Consideró el sufrimiento dividido en tres niveles. El primer nivel del sufrimiento, el más inmediatamente evidente, es el dolor mental y físico. El segundo, más sutil, es aquel creado no por sensaciones dolorosas, sino por sensaciones agradables. ¿Por qué el placer causa sufrimiento? Porque siempre termina por cesar, dejándonos con el anhelo de más placer. Pero el nivel más importante es el tercero, una forma de sufrimiento que impregna el conjunto de nuestra vida. Es a este último al que se refiere la segunda característica que define al budismo: todos los fenómenos contaminados –es decir, todo lo que existe– están vinculados a la naturaleza del sufrimiento.

La tercera de las cuatro características o sellos del budismo es que todos los fenómenos están desprovistos de egoidad o mismidad. A lo largo de este libro descubriremos lo que se quiere decir con "mismidad" y con carencia de ella.

Repasemos estas tres primeras características: todas las cosas compuestas, sean aire, piedra o criaturas vivas, son impermanentes, están en la naturaleza del sufrimiento, y todos los fenómenos están desprovistos de mismidad. Nuestra ignorancia de esta naturaleza sin mismidad de todo lo que existe es la causa fundamental de nuestra existencia ignorante. Afortunadamente, se debe a esta naturaleza sin mismidad el hecho de que tengamos el potencial necesario para poner fin a nuestra situación desdichada en la existencia cíclica.

La fuerza de la sabiduría, cultivada poco a poco, nos permite hacer disminuir y finalmente eliminar nuestra ignorancia fundamental que se agarra a la sensación del sí-mismo. El cultivo de la sabiduría producirá un estado más allá del pesar: nirvana. La cuarta característica del budismo es que el nirvana es la verdadera paz.

Así pues, la raíz de nuestra infelicidad es la idea falsamente sostenida de que poseemos alguna realidad sustancial verdadera o perdurable. Pero, dice el budismo, hay una salida a este dilema. Está en reconocer nuestra identidad verdadera: la que yace por debajo de nuestras concepciones, falsamente sostenidas, de un sí-mismo personal perdurable.

Nuestra mente es esencialmente pura y luminosa. Los pensamientos y emociones aflictivos que contaminan nuestro símismo superficial, cotidiano, no pueden afectar a esa mente esencial. Al ser adventicias o accidentales, esas contaminaciones son eliminables. La práctica budista apunta principalmente a cultivar los antídotos para esos pensamientos y emociones aflictivos, con el objetivo de erradicar la raíz de nuestra existencia ignorante a fin de producir así la liberación del sufrimiento.

La técnica que empleamos para hacer esto es la meditación. Por supuesto, hay varias formas de meditación, y la práctica de muchas de ellas está ahora ampliamente difundida. La forma de meditación en la que nos centramos en este libro difiere, sin embargo, de algunos de esos métodos en que no es solo un ejercicio para calmar la mente. Es esencial el estudio diligente y la contemplación. Familiarizamos nuestra mente con ideas nuevas, como las que exploramos en este libro, analizándolas lógicamente, ampliando nuestra comprensión y profundizando nuestro discernimiento. Llamamos a esto meditación analítica. Es la forma de meditación que se debe aplicar al contenido de este libro si queremos producir un cambio verdadero en nuestra percepción de nosotros mismos y de nuestro mundo.

3

Las escuelas budistas.
Las divisiones en el budismo

A menudo dividimos el budismo en Hinayana y Mahayana, o el Pequeño Vehículo y el Gran Vehículo. El Hinayana, o Pequeño Vehículo, se orienta hacia la liberación de la desdicha de la vida en el ciclo de renacimientos en el que todos nos encontramos. El practicante hinayana persigue su liberación desde dentro de las cadenas del *samsara*. Mahayana, que significa "gran vehículo", se refiere a un proceso que pretende alcanzar la budeidad, el estado iluminado supremo de la ominisciencia. El mahayanista se esfuerza por llegar a ese estado supremo de iluminación a fin de ayudar a todos los demás a salir igualmente de su desdicha.

En ocasiones se alude a un tercer vehículo. El vehículo Vajrayana o tántrico se practica mediante la repetición de mantras junto con métodos avanzados de visualización y concentración por los que se cultiva un estado de conciencia particularmente sutil que permite progresar con más rapidez en el camino hacia la iluminación plena. Sin embargo, como las técnicas de meditación del Vajrayana se dirigen al logro de la budeidad para poder ayudar a todos los seres sensibles –la innumerable variedad de poseedores de conciencia y sentido del sí-mismo, lo que incluiría a personas y animales–, este vehículo está realmente contenido en el Mahayana.

Lamentablemente, los textos budistas tibetanos con frecuencia dan por supuesta la familiaridad del lector con el budismo. Los escritos budistas tradicionales suponen que el practicante está familiarizado con la idea de karma –las leyes de causa y efecto– y la idea del vacío. Solo llegando a conocer bien estos temas se puede uno relacionar verdaderamente, desde una perspectiva budista, con asuntos como el valor inapreciable de la vida humana, la inevitabilidad de la muerte y la naturaleza relativa de todo conocimiento mundano. Sin este conocimiento contextual, la eficacia de nuestra meditación sobre estos temas será limitada. Esto es particularmente cierto respecto de la práctica del Vajrayana. No podemos esperar resultados de las iniciaciones tántricas y de la práctica tántrica diaria sin un conocimiento firme de por qué estamos practicando. Muchos budistas chinos y tibetanos pasan mucho tiempo recitando mantras y cantando oraciones sin pensar demasiado. Dudo que esto sea muy beneficioso. Una práctica budista eficaz se basa en la comprensión de las doctrinas budistas. Sin ella, no se puede ser un practicante budista verdadero.

Se hace una división alternativa entre el Mahayana y el Hinayana basada en principios filosóficos. De las cuatro escuelas de filosofía budistas que examinaremos en este libro –Vaibhashika, Sautrantika, Cittamatra y Madhyamika– las dos primeras son hinayánicas, mientras que las dos últimas son mahayánicas.

Estas dos maneras distintas de diferenciar entre Hinayana y Mahayana, sobre la base de la motivación y la visión filosófica, conducen a una variedad de posibilidades entre las dos categorías. El practicante budista podría poseer un gran amor y compasión hacia todos los seres sensibles que le condujera a buscar la budeidad para servir mejor a los otros. Esta actitud definiría al practicante como *bodhisattva* –poseedor de *bodhicitta*, la mente de iluminación altruista–, y le cualificaría como mahayanista. Sin embargo, si este mahayanista sostuviera las ideas filosóficas del Vaibhashika o el Sautrantika, que creen que aunque seamos impermanentes, cambiando momento a momento, hay en el núcleo de cada uno de nosotros un sí-mismo que existe realmente y que posee partes físicas y mentales, entonces el practicante sería un defensor de los principios del Hinayana.

Alternativamente, alguien podría sostener la visión de la escuela de filosofía del Mahayana conocida como Madhyamika, de que todos los fenómenos están vacíos incluso de la más leve cualidad de existencia objetiva, mientras prosigue una práctica espiritual con el objetivo hinayánico de la mera paz respecto de la desdicha siempre recurrente de la existencia cíclica.

Es, por lo tanto, nuestra motivación la que determina si somos hinayanistas, que buscamos salvarnos a nosotros mismos, o mahayanistas, que nos esforzamos por ayudar a todos los seres sensibles. Y muy independientemente de si nuestra motivación es hinayanista o mahayanista, podemos sostener las ideas filosóficas de las cuatro escuelas de filosofía budista.

La ausencia de mismidad

La idea de la ausencia de mismidad es la esencia de la enseñanza del Buda. Los filósofos budistas han interpretado la ausencia de mismidad de maneras diferentes. Han seccionado los aspectos insostenibles del sí-mismo, mientras intentaban no negar completamente la existencia de las cosas. Como resultado, tenemos un abanico de visiones de la ausencia de mismidad que varían desde la negación de la permanencia hasta el rechazo de la existencia inherente. Para los primeros, la cualidad impermanente y momentánea de una persona sería su ausencia de mismidad, mientras que, para otros, la ausencia de mismidad se definiría por la carencia de existencia inherente de la persona. Podemos pensar las diferentes interpretaciones de la ausencia de mismidad como peldaños de una escalera que conducen a la visión suprema. Cada peldaño de esta escalera nos ayuda a reconocer aspectos más sutiles de la existencia, en particular, de cómo se puede y no se puede decir de nosotros y del mundo que nos rodea que existimos.

¿Cuáles son estas interpretaciones diferentes? Partiendo de la parte inferior de la escalera, tenemos las dos visiones hinayánicas: las escuelas de filosofía Vaibhashika y Sautrantika. Para las dos, la persona puede ser definida por la ausencia de mismidad, pero todos los demás fenómenos –como las partes física y mental de las que está constituida la persona–, no. Su comprensión de la ausencia de mismidad se centra en la falta de autosuficiencia y de independencia de la persona. El seguidor de cualquiera de estas escuelas intenta reconocer esta cualidad específicamente dependiente de su existencia.

Los filósofos de los peldaños superiores de la escalera, los de la escuela Cittamatra o "Solo-Mente", y la más sutil escuela Madhyamika del "Camino Medio", afirma que esa definición de la ausencia de mismidad es demasiado restrictiva. Estos filósofos mahayanistas han extendido el concepto de ausencia de mismidad para abarcar las partes que constituyen la persona: los agregados físicos y mentales que forman nuestra existencia. Sostienen que la noción de ausencia de mismidad debe ampliarse para incluir todo lo que está en la existencia. Afirman además que mientras haya alguna cualidad de sí-mismo o atribución de alguna existencia inherente a un objeto, permanecerá el potencial para que finalmente sintamos apego o aversión por él.

Solo-Mente

Podemos aceptar la idea de que no hay ningún sí-mismo que esté separado de las partes que nos constituyen y sea independiente de ellas. Pero ¿cómo aplicamos luego esta misma cualidad de ausencia de mismidad a las cosas que constituyen el mundo que nos rodea? La escuela Solo-Mente sugiere que los objetos parecen ser de manera natural los puntos de referencia de nuestros pensamientos y de los términos que aplicamos a ellos. Una casa parece ser la base del hecho de que la llamemos "casa", sugiriendo que entre las paredes, el tejado, y los cimientos hay algo que de forma natural merece que el conjunto de esas partes sea identificado como una "casa". Sin embargo, no hay nada en la casa o entre sus partes que pueda establecer eso como candidato natural para el término "casa". La base de la casa para ser llamada "casa" es puramente convencional. Los hablantes están de acuerdo en que una reunión particular de madera, clavos y yeso remite a "casa".

Los filósofos de Solo-Mente proponen así que nuestra percepción de los objetos exteriores –las mesas y las sillas, por ejemplo– no es sino una maduración de potenciales. La mesa se percibe no porque exista en la habitación ante mí, sino porque algún potencial en el continuo de momentos sin principio de mi mente ha madurado y se ha manifestado. La mesa que veo no está, por lo tanto, separada de mi percepción de ella; es, en realidad, de una sola y única naturaleza con la percepción que mi mente tiene de ella. El nombre de Solo-Mente se refiere a la naturaleza no dual de sujeto y objeto, de la mente y el objeto de su percepción.

Esta no separabilidad de la mente y su objeto es la forma en que los filósofos de Solo-Mente aplican la ausencia de mismidad a los fenómenos y las personas. Sin embargo, en el proceso parecen atribuir la existencia de todos los fenómenos exteriores a la mente que los percibe, invistiendo a la mente de una cualidad de existencia que es puesta en tela de juicio por los filósofos del peldaño siguiente de la escalera.

El Camino Medio

Los filósofos del Camino Medio o Madhyamika sostienen que la ausencia de mismidad, tal como se aplica a la persona y a las cosas que una persona experimenta, debe aplicarse también a la mente de la persona: a sus sentimientos, pensamientos, emociones, experiencias y a la conciencia misma. Así como no se puede encontrar una silla que exista independientemente de sus partes, tampoco se puede encontrar la mente entre los sentimientos y emociones que comprende.

Los filósofos madhyamika llegan hasta cuestionar la noción misma de la existencia objetiva o inherente de las cosas. Nagarjuna, el pionero madhyamika del siglo II de nuestra era, señala que si se atribuye cualquier cualidad de existencia objetiva a una cosa, sin que importe lo sutil que la cualidad pueda ser, esto se convierte en la base para la aparición de aflicciones y el sufrimiento subsiguiente.

Negar alguna cualidad intrínseca de existencia a una cosa parecería ser una negación de la cosa misma. Los filósofos budistas de los escalones inferiores, como Dharmakirti, afirman que todo fenómeno debe poseer su propia característica definitoria. Esto sugiere que, en un nivel fundamental, las cosas tienen que tener alguna realidad intrínseca para existir. ¿Cómo puede estar libre una silla de la "silleidad" inherente? Parecería absurdo. Sin embargo, es justamente esta cualidad de existencia lo que los filósofos madhyamika rechazan.

Nagarjuna explica que al rechazar la existencia inherente no está negando la existencia per se. Es más, sugiere que se debe precisamente a esta falta de existencia inherente que los fenómenos puedan existir. Nuestra percepción de la silla como poseedora de su propia "silleidad" inherente es ilusoria. Se basa en la suposición incorrecta de que la silla existe por derecho propio como portadora del nombre "silla". La silla solo puede existir debido a su carencia o vacío de cualquier existencia inherente. Ese vacío de "silleidad" es lo que hace posible la existencia de la silla.

Para recapitular, podemos ver cómo las líneas de razonamiento lógico propuestas por las diferentes escuelas filosóficas budistas para establecer cómo pueden existir las cosas se vuelven cada vez más sutiles a medida que vamos subiendo los peldaños de nuestra escalera filosófica. Inicialmente, se interpreta que los fenómenos dependen de causas y condiciones, y de ese modo se ve que carecen de existencia autónoma independiente. Se considera entonces que existen como manifestaciones de potencias interiores, y de ese modo no son independientes de la mente que los experimenta. En última instancia, se piensa que los fenómenos existen como meros nombres o designaciones, careciendo incluso de una existencia inherente propia.

Como hemos dicho, según la interpretación de Nagarjuna de la ausencia de mismidad, no puede haber ninguna diferencia entre la ausencia de mismidad de la persona y la ausencia de mismidad de los fenómenos. La persona, o "yo", no se puede encontrar en los elementos físicos o mentales que la constituyen, ni se encuentra tampoco en el conjunto o el continuo de esos elementos físicos y mentales. Se descubre así que nuestro sentimiento de "yo" no es nada más que una construcción o una idea aplicada a los agregados o partes físicas y mentales que sirven como base a esa designación. Igualmente, cada uno de los fenómenos de los que estamos compuestos existe solo como un concepto basado en sus propios agregados. Y lo mismo es cierto de las partes de las que esos agregados están compuestos.

Según las escuelas filosóficas de los peldaños inferiores de nuestra escalera, todo lo que se necesita para conseguir la libertad de la existencia cíclica es la comprensión de la carencia de una autosuficiencia sustancialmente existente. El logro supremo de la budeidad, sin embargo, necesita una comprensión de la visión de que todos los fenómenos –incluidos nosotros mismos– están vacíos de sí-mismo. De acuerdo con la visión propuesta por el Buda Shakyamuni en su *Sutras de la perfección de la sabiduría*, la escuela Madhyamika de Nagarjuna sostiene que, para lograr salir del tormento del *samsara*, se debe comprender la misma visión de ausencia de mismidad como aquella que cultiva el *bodhisattva* en su búsqueda del estado omnisciente de la budeidad.

El Buda afirma en los *Sutras de la perfección de la sabiduría*:

> *Quienes desean seguir la senda de los que escuchan deben prepararse en la perfección de la sabiduría;*
>
> *quienes desean recorrer el camino de los realizadores solitarios deben también prepararse en la perfección de la sabiduría;*
>
> *y quienes desean recorrer el camino de los* bodhisattvas *también deben prepararse en la perfección de la sabiduría.*

"Los que escuchan" y los "realizadores solitarios" han alcanzado la libertad del *samsara* según las aspiraciones del Hinayana. Los *bodhisattva*s aspiran a alcanzar la libertad suprema de la budeidad. Todos deben formarse en la perfección de la sabiduría en el sentido de que deben perfeccionar su realización de la ausencia de sí-mismo.

4

Las Cuatro Nobles Verdades

Para cambiar nuestra vida debemos primero reconocer que nuestra situación presente no es satisfactoria. El deseo de seguir un camino espiritual de transformación interior solo surgirá cuando reconozcamos el miserable estado subyacente en el que estamos. Si estuviéramos contentos y felices con nuestra vida, no habría ninguna razón para buscar un cambio. En consecuecia, el Buda enseñó inicialmente la Primera Noble Verdad, afirmando que el sufrimiento es el estado real de nuestra existencia.

El reconocimiento de la situación difícil y desgraciada en la que nos encontramos nos conducirá de forma natural a preguntar qué es lo que ha producido esa situación. La Segunda Noble Verdad explica el origen de nuestro estado de sufrimiento. Según la perspectiva budista, nuestra desdicha en la existencia cíclica está causada por las emociones aflictivas que hacen que tengamos un comportamiento egoísta. A su vez, nuestros actos centrados en el sí-mismo nos causan infelicidad y refuerzan la tendencia a repetir comportamientos no virtuo-

sos, produciendo de este modo más desdicha. Esta serie trági-
ca de acontecimientos, prolongados a lo largo de muchas vidas
y que provocan un sufrimiento cada vez mayor, está causada
en su conjunto por acciones nuestras que derivan de nuestra
actitud de aferrarnos a una noción de "yo" en el núcleo de nuestro ser. De esta adhesión al sí-mismo se sigue el encariñamiento con el sí-mismo que nos impulsa a satisfacernos de todas las
maneras posibles y a protegernos de cualquier cosa que pueda
cuestionar nuestra felicidad. De este modo, se considera que
nuestra desdicha está originada a partir de causas –acciones
físicas, verbales y particularmente mentales perpetradas por
nosotros– que son el resultado de adherirnos a un sí-mismo
nuclear.

Si comprendiéramos que el sí-mismo no existe en realidad, nuestro reconocimiento inhibiría naturalmente la conducta egoica, y de ese modo cesaría nuestra tendencia instintiva a
actuar de las diversas maneras que nos causan la infelicidad
futura. Con la Tercera Noble Verdad, el Buda enseñó que todo
sufrimiento termina cuando hacemos que sus causas cesen.

Nuestra tendencia a adherirnos al sentimiento del sí-mismo, y a apreciar ese sí-mismo, es un hábito profundamente
arraigado en las fibras de nuestro ser. Producir algún cambio
en ese comportamiento habitual exige un proceso de preparación de muchos años. Terminar con nuestra implicación en el
samsara de forma definitiva llevará numerosas vidas de práctica. En la Cuarta Noble Verdad, el Buda enseñó cómo debe-

mos entregarnos a la preparación que lleva a la liberación del *samsara*.

Realmente, el Buda enseñó las Cuatro Nobles Verdades desde tres perspectivas diferentes. Inicialmente, identificó las verdades del individuo, declarando.

> *Esta es la verdad del sufrimiento.*
> *Este es el verdadero origen (del sufrimiento).*
> *Esta es la verdadera cesación (del sufrimiento).*
> *Este es el verdadero camino para la cesación.*

En una segunda serie de afirmaciones, el Buda estableció un sistema mediante el cual puede aplicarse a la práctica de cada uno el conocimiento de las Cuatro Nobles Verdades. El Buda afirmó:

> *El sufrimiento debe ser reconocido.*
> *Su origen debe ser eliminado.*
> *La cesación debe ser realizada.*
> *Y el camino debe ser cultivado.*

Una tercera serie de afirmaciones refleja la naturaleza última de las Cuatro Nobles Verdades: su vacuidad con respecto a cualquier existencia inherente. Una interpretación más práctica podría ser que el Buda estaba presentando la consecuencia de nuestra aplicación de las Cuatro Nobles Verdades. Interiorizando el conocimiento de las Cuatro Nobles Verdades, podemos vencer el sufrimiento hasta el punto de hacerlo desaparecer; podemos eliminar el origen del sufrimiento de manera que no haya nada que eliminar; podemos realizar la cesación de manera que no haya ninguna cesación; y podemos cultivar el camino hasta el punto de que ya no haya un camino que cultivar. El Buda afirmó:

> *Aunque el sufrimiento deba ser reconocido, no hay ningún sufrimiento que reconocer.*
>
> *Aunque su origen deba ser superado, no hay ningún origen que superar.*
>
> *Aunque la cesación deba ser realizada, no hay ninguna cesación que realizar.*
>
> *Aunque el camino deba ser cultivado, no hay ningún camino que cultivar.*

Como he mencionado, el practicante budista aspira a lograr la libertad de la desdicha samsárica eliminando su causa raíz, nuestra ignorancia fundamental de la carencia de existencia inherente en todo lo que percibimos. Estamos atados a la existencia cíclica por esta ignorancia porque ella impulsa las otras aflicciones, como el apego, la ira, el orgullo y los celos. Es con esta esclavitud a nuestras aflicciones con lo que pretendemos terminar.

La cesación de nuestra desdicha es lo que realmente designa en el budismo el término sánscrito *Dharma*. Con frecuencia,

Dharma se refiere a las Escrituras que reflejan las palabras del Buda y que contienen su doctrina. *Dharma* se puede referir también a los fenómenos, a todo lo que existe. Sin embargo, el significado más importante del término es el de liberación de todo sufrimiento. Nuestro intento de alcanzar este estado de paz del nirvana es una búsqueda de protección ante la desdicha del *samsara*, y en particular ante aflicciones como el apego y la aversión que nos atan al círculo vicioso de los renacimientos. Así pues, cuando, como budistas, "tomamos refugio en el *Dharma*", lo hacemos en busca de protección para nuestra grave situación de desdicha. Por lo tanto, se considera que el *Dharma* representa el nirvana, el estado de liberación del sufrimiento samsárico. Nirvana es la cesación del sufrimiento.

5

El papel del karma

¿Qué hace que los fenómenos físicos y mentales sean transitorios y estén sometidos al cambio? Todo lo que está constituido de partes físicas o temporales es naturalmente transitorio. De modo similar, la relación entre las causas y sus efectos es natural. Es simplemente la manera en que las cosas son. El hecho de que la conciencia tenga una cualidad de claridad y conocimiento, o de que formas y colores sean formas visibles, no es un resultado del karma; es una característica natural de la mecánica de las causas y las condiciones y la originación dependiente.

En el mundo de la originación dependiente hay causas y condiciones que se refieren a nuestra experiencia de dolor y placer. Estas surgen del karma. Correctamente traducido como "acción", karma se refiere a un acto al que nos entregamos con intención. La cualidad de nuestra intención –que es en sí misma una acción o karma mental– determina la cualidad de la acción física que motiva, estableciendo de ese modo la cualidad de la experiencia resultante en cuanto al placer o dolor que experimentamos. El papel del karma se interpreta, por lo tanto, en relación con nuestra experiencia de sufrimiento y felicidad.

Igual que de manera natural experimentamos sensaciones de dolor y placer, también tenemos un sentido innato de "yo" hacia el que instintivamente sentimos afecto. Es debido al afecto que tenemos por nosotros mismos por lo que sentimos cariño y amor por aquellos que nos rodean; nuestro afecto por nosotros mismos es la fuente de la compasión que sentimos por los otros. Como seres humanos nacidos de una matriz, estamos conectados de manera natural a nuestra madre, gracias a cuya leche sobrevivimos y por cuyos cuidados pudimos permanecer en la existencia. Nuestro afecto por ella es una extensión de nuestro afecto a nosotros mismos. Este amor tiene una base biológica, porque nuestra supervivencia depende de él. El vínculo íntimo entre una madre y su hijo no es algo impuesto por la sociedad, sino que es espontáneo. Su intensidad no es algo que tenga que ser desarrollado, porque la madre obtiene alegría de la devoción desinteresada por su hijo.

También otras emociones nos ayudan a sobrevivir. El apego es la emoción principal a la hora de provocar las condiciones que permiten nuestra supervivencia, pero las emociones de ira y temor desempeñan también un papel importante. Me dijo una vez un científico que los músculos de nuestros brazos se hacen más fuertes cuando nos enfadamos, permitiéndonos realizar físicamente la resolución de nuestra ira. El miedo, me dijo, hace que la sangre afluya a los músculos de las piernas, permitiéndonos correr.

Así como el amor que existe entre una madre y su hijo está mezclado con el apego, así también ocurre con el amor que sentimos por los que están más cerca de nosotros. Sin embargo, que esas emociones tengan un componente de egoísmo no significa que no puedan servir como semilla a partir de la cual desarrollar la compasión hacia todos los seres sensibles. En otras palabras, el egoísmo puede ser necesario para la supervivencia, pero también puede serlo la ausencia de egoísmo. Debemos contemplar los beneficios del amor desinteresado y de la compasión para nuestra salud física y nuestra felicidad mental. Debemos reconocer también cómo esta actitud altruista nos ayuda a alimentar un entorno del hogar más feliz mientras que contribuye también a una sociedad más sana y más estable. Es por medio de esa contemplación como nuestro aprecio por el valor de la compasión fortalecerá y ampliará su esfera para abarcar a más seres cada vez.

También ahondamos nuestra compasión considerando los niveles cada vez más sutiles del sufrimiento. Inicialmente deseamos que los seres sensibles estén libres del dolor físico y emocional evidentes que llamamos "sufrimiento del sufrimiento". Debemos desear también que estén separados del sufrimiento del cambio, los momentos felices que al final terminan y que al terminar provocan desdicha. El deseo más profundo es el deseo de que todos los seres sensibles estén libres del sufrimiento que impregna toda nuestra existencia condicionada en el *samsara*.

Nuestra compasión se intensifica también cuando se combina con el reconocimiento de que el sufrimiento es el resultado de nuestros estados mentales afligidos y el karma o acciones que provocan, todo ello enraizado en la ignorancia fundamental que nos lleva a agarrarnos a un sentimiento del sí-mismo. Con ese discernimiento de la ausencia de sí-mismo vemos que esta ignorancia fundamental puede ser rectificada y que la causa del sufrimiento puede, por lo tanto, ser desarraigada. La conciencia de que se puede terminar con el sufrimiento de los seres sensibles intensificará en gran medida nuestra compasión por ellos, transformándola de mera piedad en compromiso activo por un objetivo alcanzable. Este es el planteamiento del practicante que tiene una mente despierta. Lleva al reconocimiento de que el camino compasivo que hemos emprendido es válido, porque su objetivo es alcanzable.

Sufrimiento y felicidad

Cada uno es el centro de su propio universo. Establecemos el este, el oeste, el norte y el sur, así como el arriba y el abajo, todo en relación con nuestra propia ubicación. El sí-mismo puede ser considerado el armazón o marco por el que comprendemos y nos relacionamos con el conjunto de la existencia.

El sufrimiento, que consideramos nuestro propio *samsara* individual, y la felicidad, que es nuestra libertad respecto de ese sufrimiento, se derivan en última instancia de nuestra noción del sí-mismo. Mi sufrimiento es el resultado de mi condescendencia con la conducta centrada en el sí-mismo. Y ese comportamiento me impulsa a actuar de maneras que me causan más sufrimiento. Me parece que doy vueltas y vueltas dentro del ciclo de los renacimientos que constituye mi *samsara*. Mi búsqueda de la felicidad surge de mi deseo de estar libre de sufrimiento.

El conjunto de *samsara* y nirvana se puede considerar en relación con nuestra propia noción individual del sí-mismo. Las enseñanzas del Buda sobre el sufrimiento, sus causas, el estado de cesación del sufrimiento y el camino que conduce a ese estado de cesación deben ser considerados desde el punto de vista del individuo, que, al reconocer su estado de sufrimiento, reconoce las causas de dicho sufrimiento y actúa por su conclusión mediante el seguimiento del camino para la cesación. De forma similar, las prácticas religiosas de todas las tradiciones solo tienen sentido cuando están relacionadas con el individuo que se entrega a la práctica.

Buda afirmó que el pensamiento "yo soy" es propio de un demonio. Es así porque nuestra idea equivocada de nosotros mismos causa el encariñamiento de sí mismo que está en la raíz de toda nuestra desdicha. El Buda enseñó también que nosotros mismos somos nuestros propios maestros. Aun-

que nuestra situación presente en el *samsara* pueda ser el resultado de nuestro karma pasado motivado por aflicciones, tenemos la posibilidad de generar un nuevo karma virtuoso en la forma de acciones motivadas de manera altruista. Nuestro futuro está en nuestras manos.

6

Identificar el sí-mismo

El sufrimiento y la felicidad que experimentamos es un reflejo del nivel de distorsión o claridad con que nos vemos a nosotros mismos y al mundo. Conocer y experimentar correctamente la naturaleza del sí-mismo es experimentar el nirvana. Conocer la naturaleza del sí-mismo de una manera distorsionada es experimentar el *samsara*. ¡Es, por lo tanto, imperativo que nos ocupemos de determinar la naturaleza del sí-mismo!

En el *Pramanavartika* (Exposición de la cognición válida) de Dharmakirti, se afirma:

> *Cuando hay actitud de aferrarse al sí-mismo,*
> *surge la discriminación entre el sí-mismo y los otros;*
> *las emociones y aflicciones vienen a continuación.*

Si observamos nuestras percepciones y pensamientos, nos daremos cuenta de que aparece en nosotros de manera muy natural el sentimiento del sí-mismo. Instintivamente, pensamos, «Me estoy levantando», o «Salgo fuera». ¿Es erróneo este sentido del "yo"? No creo que lo sea. El hecho de que existimos como individuos es innegable. Esto lo afirma nuestra propia experiencia cuando tratamos de ser felices y vencer las dificultades, y –como budistas– trabajar por alcanzar la budeidad para beneficio de nosotros mismos y de los otros. Independientemente de lo díficil que pueda resultar la identificación de ese sí-mismo, hay algo a lo que se refiere el pensamiento «yo soy»: hay un "yo" que "es". Y es de este "yo" de donde surgen nuestras sensaciones intuitivas del sí-mismo.

Es ese sí-mismo –un *atman* independiente de los diversos componentes que constituyen la personalidad– el que proponían los antiguos filósofos indios. Suscribían la idea del Renacimiento, con algunos adherentes capaces de recordar experiencias de vidas pasadas. ¿De qué otra manera, razonaban, podía explicarse la continuidad de un sí-mismo individual a lo largo de las vidas, dado que los aspectos físicos de ese sí-mismo solo vienen al ser en la concepción de esta vida? Proponían, por tanto, un sí-mismo que pudiera continuar a través del tiempo de las vidas mientras permanecía independiente de las existencias físicas durante las vidas individuales.

El concepto de sí-mismo que proponían era singular, mientras que las partes físicas y mentales de las que estamos compuestos son numerosas. Se sostenía que el sí-mismo era permanente e inmutable, mientras que esas partes son impermanentes y siempre cambiantes. Se pensaba que ese sí-mismo nuclear era independiente y autónomo, mientras que sus partes más exteriores dependerían de influencias externas. Así que estos filósofos antiguos proponían un *atman* que sería distinto de las partes físicas y mentales que nos constituyen e independiente de ellas.

Buda planteó un abandono radical de esta visión, proponiendo que el sí-mismo existe solo con relación a sus partes físicas y mentales. Así como no puede haber ningún carro de bueyes libre de las partes que lo constituyen, explicaba el Buda, tampoco puede haber ningún sí-mismo que exista independientemente de los agregados que constituyen una persona.

El Buda enseñó que plantear un sí-mismo unitario, inmutable, permanente, autónomo, independiente de los agregados que constituyen la persona, introduciría algo que no existe, y reforzaría por lo tanto nuestra sensación instintiva del sí-mismo. El Buda proponía de este modo la idea de carencia de sí-mismo: *anatman*.

El sí-mismo existente y el sí-mismo no existente

Es esencial que distingamos entre el sí-mismo que existe convencionalmente y el sí-mismo que no existe en absoluto, porque la fuente de todo sufrimiento es la actitud de aferrarnos al sí-mismo no existente.

Los yoguis –meditadores– budistas que se entregan a una profunda meditación analítica de la existencia del sí-mismo, centran su análisis en su experiencia del "yo" como un sí-mismo inherentemente real e independiente, cuya existencia será en última instancia negada por su indagación meditativa. Por tanto, establecen una distinción clara entre el sí-mismo convencional que es el objeto de nuestra reificación, y el sí-mismo reificado que debe ser negado.

En nuestras propias intuiciones normales de cada día, tenemos la sensación natural y legítima del sí-mismo que piensa: «Estoy cultivando *bodhicitta*», o «Estoy meditando sobre la carencia de sí-mismo». Cuando esta sensación del sí-mismo es demasiado extrema y empezamos a pensarlo como algo independiente y autónomo, como algo *real*, surge un problema. Una vez que nos aferramos a esta noción, empezamos a sentir que está justificado establecer una distinción nítida entre nosotros mismos y los otros. Como resultado de ello, hay una tendencia natural a considerar a los otros como si no tuvieran ninguna conexión con nosotros, casi como objetos destinados a ser explotados por este "yo" concreto, real. De este poderoso apego a un sí-mismo que percibimos falsamente como una realidad consistente, identificable, surgen los apegos igualmente fuertes que desarrollamos hacia todo lo que nos pertenece, nuestro hogar, nuestros amigos, nuestra familia.

Mediante la investigación meditativa analítica podemos llegar a reconocer que, en la raíz de las aflicciones que experimentamos, yace nuestra gran y equivocada adhesión a lo que percibimos como un sí-mismo inherentemente real. Desde el

punto de vista budista, esta sensación del sí-mismo es natural
y también innata. De hecho, los budistas argumentarían que el
sí-mismo unitario, eterno y autónomo postulado por los filósofos no budistas es una mera construcción conceptual, mientras que la sensación del sí-mismo que poseemos de forma
innata es natural incluso en los animales. Si examinamos la
dinámica de nuestra sensación natural del sí-mismo, descubriremos que se parece a un soberano presidiendo sobre sus súb-
ditos, que serían nuestras partes físicas y mentales. Tenemos la
sensación de que, por encima y más allá de los agregados del
cuerpo y la mente, hay algo que pensamos como "mío", y que
los agregados físicos y mentales dependen de eso que es "mío",
mientras que "yo" soy autónomo. Aunque sea natural, nuestra
sensación del sí-mismo es errónea, y en nuestra búsqueda de
la liberación de las desdichas ocasionadas por nuestro empeño
en aferrarnos al sí-mismo, debemos cambiar nuestra percepción de nosotros mismos.

Nuestra sensación del sí-mismo

Mientras nos aferremos a alguna noción de existencia objetiva
–la idea de que algo existe realmente de una manera concreta,
identificable–, emociones como el deseo y la aversión se segui-
rán derivando de ello. Cuando vemos algo que nos gusta –un
bonito reloj, por ejemplo–, lo percibimos como si tuviera al-

guna cualidad real de existencia entre sus partes. Vemos el reloj no como una colección de partes, sino como una entidad existente con una cualidad específica de "relojidad" en él. Y si es un reloj técnicamente excelente, nuestra percepción se ve realzada por cualidades que se considera que existen con toda seguridad como parte de la naturaleza del reloj. Es a resultas de esta percepción errónea del reloj como surge nuestro deseo de poseerlo. De manera similar, nuestra aversión hacia alguien que nos disgusta surge como resultado de atribuir a la persona cualidades negativas inherentes.

Cuando relacionamos este proceso con la forma en que experimentamos nuestro sentimiento de la existencia –la forma en que surge el pensamiento «yo» o «yo soy»–, observamos que invariablemente lo hace en relación con algún aspecto de nuestros agregados físicos o mentales. Nuestra noción de nosotros mismos se basa en la sensación de nuestro sí-mismo físico y emocional. Es más, sentimos que estos aspectos físicos y mentales de nosotros mismos existen de manera inherente. Mi cuerpo no es algo de cuya especificidad pueda dudar. Hay una corporalidad, así como una yoidad que existe de manera muy evidente. Parece ser una base natural para que identifique mi cuerpo como "yo". Emociones como el miedo se experimentan igualmente como poseedoras de una existencia válida y como base natural para que nos identifiquemos a nosotros mismos como "yo". Tanto nuestros amores como nuestros odios sirven para ahondar nuestro sentimiento del sí-mismo o yo. Incluso la mera sensación de «Yo tengo frío» contribuye a nuestro sentimiento de ser un "yo" sólido y legítimo.

Negar el sí-mismo

Todos los budistas abogan por el cultivo del discernimiento sobre la carencia –o vacuidad– del sí-mismo. Según los filósofos del Hinayana, se trabaja para comprender la ausencia de un sí-mismo autosuficiente y sustancialmente real. Afirman que desarrollando el discernimiento propio sobre la ausencia de un sí mismo personal mediante la meditación profunda durante mucho tiempo –meses, años, y tal vez incluso vidas– se puede alcanzar la liberación del ciclo sin principio de vida, muerte y renacimiento. Exploraremos más estas ideas en el capítulo siguiente.

Nagarjuna, el pionero mahayanista que estableció la escuela del Camino Medio, sugiere que, mientras sintamos que nuestras partes o agregados tienen alguna existencia legítima natural, no seremos capaces de eliminar por completo nuestra adhesión a la sensación del sí-mismo. Estos agregados están a su vez compuestos de partes más pequeñas y experiencias mentales en las que nos apoyamos. Argumenta que para lograr una intuición profunda en la ausencia de sí-mismo de la persona –es decir, de nosotros– debemos desarrollar la misma intuición de ausencia de sí-mismo en los fenómenos, las partes de las que estamos constituidos. Afirma que, en cuanto a la necesidad de su negación, la existencia inherente de nuestro sí-mismo y la existencia inherente de los fenómenos son, ambas, una misma cosa. De hecho, nuestra intuición de lo uno complementará y reforzará nuestra intuición de lo otro.

La verdadera comprensión de la vacuidad de cualquier existencia inherente debe afectar a la manera en que intuitiva e instintivamente percibimos las cosas. Por ejemplo, cuando decimos "esta forma", "este objeto material", sentimos como si nuestra percepción del objeto físico que está delante de nosotros fuera verdadera, como si hubiera algo a lo que el término "objeto material" se refiere, y como si la percepción que tenemos representara de algún modo lo que está verdaderamente allí, delante de nosotros. Una comprensión correcta de la vacuidad debe alcanzar un nivel de percepción tal que ya no nos aferremos a ninguna noción de una realidad objetiva inherente.

Nagarjuna subraya que mientras atribuyamos una realidad objetiva al mundo que nos rodea, alimentaremos una multitud de pensamientos y emociones como apego, hostilidad e ira. Para Nagarjuna, la interpretación de la ausencia de sí-mismo a que llegan las escuelas filosóficas budistas inferiores no es la culminación de la enseñanza del Buda sobre la ausencia de sí-mismo, porque permanece algún rastro de adhesión a la idea de una realidad independiente y objetiva, inherentemente existente. Por consiguiente, es mediante el cultivo del discernimiento de este significado más sutil de vacío –vacío por lo que se refiere a la ausencia de una existencia inherente– como se puede erradicar la ignorancia fundamental que nos ata al *samsara*.

Vacío del sí-mismo

En su obra *Loa de Dharmadhatu* («Loa de la expansión suprema»), Nagarjuna dice:

> *Las meditaciones sobre la impermanencia*
> *y la superación de la adhesión a la permanencia,*
> *son elementos de la preparación de la mente.*
> *Sin embargo, la purificación suprema de la mente*
> *se logra a través de la intuición del vacío.*

Nagarjuna define el vacío como ausencia de existencia inherente.

En el *Sutra del corazón*, el Buda pronuncia su conocida afirmación:

> *La forma es vacío, el vacío es forma.*

Hay una presentación más clara de esta escueta afirmación en el *Sutra de la perfección de la sabiduría*, de 25 000 versos, donde el Buda dice:

La forma no está vacía de vacuidad;
la forma misma es esa vacuidad.

En el primer verso, el Buda especifica que lo que se niega respecto de la forma no es otra cosa que su existencia inherente. En el segundo verso establece la forma convencionalmente existente que existe debido a su vacuidad de existencia inherente. Lo que aparece cuando negamos la existencia inherente de la forma es la forma. La inexistencia –o vacuidad– de cualquier cualidad inherente a la forma es lo que permite que la forma exista.

El Buda indicaba que sin conocimiento de la vacuidad de la existencia inherente del sí-mismo no hay ninguna posibilidad de alcanzar la liberación de nuestro miserable estado. El estado meditativo más profundo de absorción concentrada en un punto, libre de todas las distracciones de la experiencia sensual, no puede disipar la adhesión a la sensación de sí-mismo. Más pronto o más tarde esta adhesión al sí-mismo servirá como base para nuestras experiencias de aflicción. Estas aflicciones conducirán a acciones que provocarán más acciones, lo que tiene como resultado nuestra experiencia de desdicha en la existencia cíclica.

Sin embargo, si no tuviéramos ninguna sensación del sí-mismo, no habría ninguna base para la aparición del apego o la aversión. El apego se produce como respuesta a la percepción de que algo es atractivo. Para que algo sea deseable debe haber alguien para quien esto sea así, porque un objeto no es atractivo para sí-mismo. Solo cuando algo es atractivo para mí, yo lo deseo. De la misma manera, cuando algo se percibe como no atractivo, surge la aversión y esta puede incrementarse hasta convertirse en ira e incluso en hostilidad. Todas estas emociones fuertes se deben inicialmente a un "yo" que experimenta lo atractivo o repulsivo de un objeto.

Por lo tanto, nuestra experiencia con las aflicciones como el deseo o la aversión, el orgullo o los celos, se debe a que las cosas son atractivas o repulsivas para nosotros; una vez que se disipa la noción de este sí-mismo independiente, no hay ninguna posibilidad de que surjan estas aflicciones. Si no negamos la noción errónea del "yo", independientemente de la profundidad de nuestra meditación, al final surgirán en nosotros las aflicciones y nos conducirán al sufrimiento.

El Buda enseñó muchas prácticas mediante las cuales la felicidad puede crecer en nuestra vida, tales como actuar con generosidad hacia los otros y alegrarnos en sus virtudes. Pero cuando estas no se oponen directamente a nuestra distorsionada adhesión a la noción del sí-mismo, las cualidades que estas prácticas engendran no pueden proporcionarnos el estado supremo de felicidad: la liberación de todo sufrimiento. Solo el discernimiento de la ausencia de sí-mismo, con su antídoto directo a nuestra ignorante adhesión al sí-mismo, puede realizarlo.

Es esencial que penetremos la naturaleza de los fenómenos por medio del estudio profundo y el análisis crítico. Esto nos llevará a reconocer la ausencia de cualquier sí-mismo independiente, identificable, en todos los fenómenos. Si entonces cultivamos nuestra comprensión de la ausencia de sí-mismo en la meditación, finalmente alcanzaremos la liberación verdadera, el nirvana.

El continuo del mero yo

Examinemos los elementos de los que depende el sí-mismo para su existencia. Cuando nosotros mismos nos identificamos como seres humanos, nuestra identificación se basa en nuestro cuerpo humano y en nuestra mente humana. Este continuo del "sí-mismo", constituido por una serie de momentos del "yo", comienza en el nacimiento o la concepción, y termina en la muerte.

Si no nos identificamos a nosotros mismos como seres humanos, sino solamente como "mí" o como el "mero yo", ¿este sí-mismo tendrá un principio o un fin? Cuando echamos una mirada a nuestro pasado y pensamos: «Cuando era joven...», «Cuando me hice adulto...», o «Cuando llegué a la madurez...», nos identificamos personalmente con cada etapa, aunque también nos identificamos con el continuo que atraviesa todas las etapas de nuestra vida. De forma muy natural somos capaces de trasladar nuestro sentimiento del sí-mismo desde el presente hacia el pasado, a la totalidad de las etapas de las que consta la vida. ¿Es posible que este "mero yo" pudiera extenderse también más allá de los límites de esta vida?

Entre la mente y el cuerpo, es particularmente con nuestra mente o conciencia con la que nos identificamos como este "mero yo". Nuestra mente es transitoria, existe momentáneamente, y cada momento de conciencia afecta al siguiente. Así pues, nuestros pensamientos e ideas evolucionan a lo largo del tiempo, igual que lo hacen nuestras emociones. El cambio existe también en el mundo de las cosas sólidas. Puede parecer que la grandiosa cordillera del Himalaya tiene una solidez permanente, pero si consideramos esas montañas a lo largo de un período de millones de años podemos detectar cambios. Para que esos cambios se produzcan, tiene que haber cambio en un marco temporal de cien años. Esos cambios necesitan un cambio año por año, lo que a su vez exige un cambio de mes en mes, y este depende de incrementos de transformación cada vez más pequeños que se producen minuto a minuto, segundo a segundo, e incluso en fragmentos menores de tiempo. Son estos cambios minúsculos y momentáneos los que forman la base del cambio más perceptible.

Esta naturaleza del cambio momento a momento es una cualidad que ocurre como resultado de que algo está siendo producido; no es necesaria ninguna otra causa para generarlo.

Hay ciertas causas que cesan una vez que surgen sus efectos. Esas causas se convierten en sus efectos, como la semilla

ón* que a su vez puede ser rastreada más allá, momento a
momento, hasta el principio del universo y la materia sutil que
existía en aquel instante. Desde el punto de vista budista, el continuo de causas sustanciales que precedieron a nuestra concepción se puede remontar hasta antes del *big bang*, a cuando el
universo era un vacío. En realidad, si seguimos la línea de razonamiento por la que remontamos nuestro continuo hasta antes del *big bang*, tendríamos que reconocer que no podría haber un primer momento del continuo de causas sustanciales de
ningún fenómeno condicionado.

Las cosas materiales poseen sus causas sustanciales y sus
factores contribuyentes, y lo mismo ocurre con los fenómenos mentales. Nuestros sentimientos, nuestros pensamientos
y emociones, todos los cuales constituyen nuestra conciencia,
tienen tanto causas sustanciales que se convierten en un mo-

mento particular de cognición como factores contribuyentes que pueden ser físicos o mentales.

La característica principal de nuestra conciencia es su claridad y conocimiento. Esta cualidad de conocimiento puro y luminoso no puede ser producto solo de la condición física. Desde la interpretación budista de la causalidad, una causa sustancial debe ser sustancialmente conmensurable con su efecto. Por lo tanto, un fenómeno físico no podría ser la causa sustancial de un momento de conciencia, porque la naturaleza de la claridad y el conocimiento no es física.

Examinemos el proceso de la percepción consciente. Cuando vemos un árbol, estamos experimentando una percepción mental del árbol que está delante de nosotros. El árbol y nuestro ojo físico sirven como condiciones contribuyentes para nuestra experiencia consciente del árbol. La causa sustancial de esa experiencia mental del árbol es nuestra condición inmediatamente anterior de claridad y conocimiento. Es este momento precedente de conciencia el que da el carácter de claridad –de puro *conocimiento*– a nuestra experiencia visual del árbol. Cada momento de claridad y conocimiento en el continuo de nuestra conciencia está causada por un momento precedente de claridad y conocimiento. La causa sustancial de un momento de conciencia no puede ser algo que tenga una cualidad sustancial diferente de la claridad y el conocimiento.

Si el continuo de nuestra mente tuvo un primer momento, habría tenido que surgir o bien de ninguna causa, o bien de una causa que no era sustancialmente conmensurable con la naturaleza de la mente. Dado que ninguna de estas posibilidades es aceptable, se interpreta que el continuo de la conciencia no tiene ningún principio. Así es como explicamos las vidas pasadas y la reencarnación, dado que el continuo de los momentos de conciencia de cada uno de nosotros debe extenderse hacia atrás a momentos infinitos. Y, al igual que el continuo de conciencia no tiene ningún principio, la identidad de un sí-mismo designado para ese continuo carece de principio. Esto es corroborado por los muchos casos de personas que recuerdan experiencias de sus vidas pasadas.

¿Y qué ocurre con el posible fin de la conciencia? Algunos estudiosos budistas del pasado sostenían que al alcanzar el estado de nirvana, el continuo de la existencia física y mental cesaría. Sin embargo, una consecuencia absurda de esta idea es que no habría nadie que experimentara el estado de nirvana. Los ejemplos individuales de conciencia que experimentamos a lo largo de la vida –las percepciones de todo lo que vemos y sentimos, así como los procesos de pensamiento en que nos implicamos– cesarán cuando nuestro ser físico expire en la muerte. Sin embargo, nuestra cualidad fundamental de claridad y conocimiento –la naturaleza esencial de la conciencia– no acaba en la muerte; su continuo es incesante.

Existe también un cuerpo físico muy sutil, al que se alude en las enseñanzas tántrica o vajrayana del Buda, que actúa como la base de nuestra conciencia más sutil. Así como el continuo de nuestra conciencia sutil no tiene principio ni fin, así también el continuo de este aspecto físico más sutil del sí-mismo carece de principio o de fin.

Me parece hermosa la idea de que no haya principio ni fin para el continuo del sí-mismo. Si hubiera un final del sí-mismo, sería una aniquilación total, una completa oscuridad. Para quien desea escapar desesperadamente de los tormentos de la vida suicidándose, ese fin podría parecer deseable. Sin embargo, creo que la mayoría de nosotros prefiere la idea de continuidad, porque sugiere la plenitud de nuestras experiencias y emociones.

7

La visión del Hinayana

El Vaibhashika, o Gran Exposición, es la primera de las cuatro escuelas filosóficas budistas, y tiene dieciocho subescuelas, algunas de las cuales parecen plantear un sí-mismo. Los adeptos del Vaibhashika, sin embargo, tienen cuidado de afirmar que el sí-mismo que defienden no es eterno, unitario ni autónomo. Es por esta condición por lo que sostienen que son budistas.

Según los vaibhashikas, el Buda Shakyamuni pasó tres eones incalculables como *bodhisattva*, trabajando por el logro de la iluminación plena para todos los seres. Empezó su última vida como *bodhisattva* y alcanzó la budeidad mientras meditaba bajo el árbol *bodhi* en Bodh Gaya. A su muerte, el continuo de existencia del Buda se extinguió, como una llama cuando se acaba el combustible.

Los eruditos mahayánicos coinciden con los vaibhashikas en que existen antídotos para nuestros contaminantes mentales como el apego y la aversión, que nos permiten acabar con ellos. Niegan, sin embargo, que haya un antídoto para el continuo real de la conciencia. Consideran, por lo tanto, que sería ilógico que en la muerte de un Buda cesara su conciencia. Además, no sería razonable que un *bodhisattva* se sometiera a esa preparación extraordinaria durante eones si este logro fuera a durar solo unos pocos años.

Los adeptos del Vaibhashika identifican las dos verdades –la convencional y la suprema– de manera muy diferente a otras escuelas. Definen las verdades convencionales como aquellos fenómenos que dejan de ser identificables si física o mentalmente se descomponen en partes. Definen las verdades supremas como aquellos fenómenos que permanecen reconocibles independientemente de que estén física o mentalmente separados en partes. Un tarro de cristal sería un ejemplo de una verdad convencional, porque si se cayera y se rompiera, ya no se lo identificaría como un tarro de cristal. La partícula sin partes del tipo planteado por los vaibhashikas, siendo por definición indivisible, sería un ejemplo de una verdad suprema. Esta división de las dos verdades difiere en gran medida de la interpretación madhyamika de que los fenómenos permanecen como verdades convencionales, mientras que su vacío de existencia inherente es su naturaleza última. Aunque para los vaibhashikas las dos verdades tienen identidades distintas, los filósofos madhyamikas consideran las dos verdades como aspectos diferentes de la misma entidad.

Los sautrantikas, que pertenecen a la segunda de las escuelas hinayánicas, son llamados así debido a su dependencia fundamental de los *sutras*, la enseñanza real del Buda. Dividen también todos los fenómenos en verdades convencionales y supremas usando un criterio diferente de las otras escuelas budistas. El factor rector para ellos es si algo tiene o no tiene la capacidad de afectar a una función. Todo lo que es capaz de causar un momento futuro de existencia es una verdad suprema. La mesa que está delante de mí y mi conciencia visual de la mesa son verdades supremas, porque cada momento de existencia de la mesa y de mi aprehensión visual de la mesa causan su siguiente momento de existencia. Los fenómenos que moran en nuestra mente –objetos de pensamiento tales como la imagen mental de una mesa cuando pienso en ella– no son capaces de cumplir funciones y no existen momentáneamente; son por consiguiente verdades convencionales.

Mientras todas las demás escuelas sostienen que una causa debe preceder naturalmente a su efecto, los vaibhashikas afirman que hay ciertas causas que existen de forma simultánea con sus efectos. Un ejemplo de ello sería la conciencia aprehendiendo una flor a través de los ojos y el sentimiento simultáneo de placer que acompaña a esa visión. Los sautrantikas, junto con las escuelas budistas mahayánicas, rechazan que la mente que ve la flor pueda ser la causa de su sentimiento concurrente de placer, porque la experiencia de placer sigue necesariamente a la percepción inicial de la flor.

Los vaibhashikas mantienen que cuando surgen las percepciones de los sentidos no hay ningún aspecto mediador; hay el reflejarse desnudo del objeto. Los sautrantikas, junto con las otras escuelas budistas, sostienen que cuando surgen las percepciones de los sentidos se experimenta una semejanza o aspecto mediador. Esto parece recordar la interpretación científica actual.

Esto no es sino una breve visión general a las dos escuelas de filosofía hinayánicas. Espero que los lectores las exploren más, porque nuestra comprensión de los peldaños inferiores de nuestra escalera beneficiarán en gran medida nuestra comprensión de los principios filosóficos más sutiles que se encuentran en las escuelas mahayánicas de los peldaños superiores.

8

La visión de Solo-Mente

Cittamatra, o Solo-Mente, es la primera de las escuelas del Gran Vehículo o Mahayana. Su nombre refleja la idea de que los fenómenos constituyen una sola entidad con la mente que los percibe. Afirman que cuando vemos una mesa, la mesa que percibimos es de la misma naturaleza que nuestra mente percibiéndola.

¿Cómo funciona esto en la práctica? Los filósofos de Solo-Mente dicen que las mesas y las sillas, los olores y los sonidos que yo experimento vienen a la existencia como resultado de mis acciones pasadas, mi karma, que causa la predisposición o potencial para experimentar estas cosas. Mi karma virtuoso del pasado provoca experiencias agradables, olores dulces y sonidos amables, mientras que mi carencia de virtud produce lo desagradable. Si sucede que vosotros y yo compartimos el placer por el dulce aroma de una flor, esta experiencia compartida surge de que cada uno de nosotros tiene la predisposición a experimentar la visión agradable y el olor fragante de la flor como resultado de nuestras acciones individuales pasadas o karma; pero se mantiene que la flor que cada uno experimenta, aunque aparentemente sea una sola, es distinta a la que experimentan los demás, pues son las manifestaciones de nuestros karmas distintos.

Dado que los filósofos de la escuela Solo-Mente están de acuerdo en que la causa debe preceder a su efecto, afirman que la flor no actúa como causa para la conciencia del ojo que la experimenta, como sostendrían otras escuelas budistas. Por el contrario, al ser la misma entidad que la conciencia que la aprehende, la flor existe simultáneamente con esa conciencia.

Esta interpretación Solo-Mente de cómo existe la flor no disminuye la solidez de la flor. Su postura es que, aunque la flor no exista de forma independiente de mi experiencia de ella, debe existir real e inherentemente para poder existir.

Según la visión Solo-Mente, las cosas no existen independientemente de nuestra experiencia mental de ellas. Dado que las cosas se manifiestan como resultado de nuestro merecimiento para experimentarlas, no tienen ninguna base para existir al margen de nuestra experiencia de ellas. Sin embargo, en nuestra ignorancia, percibimos de forma errónea que las cosas existen independientemente de nuestras percepciones, como si tuvieran vida propia. Como los filósofos cittamatra sostienen que esta percepción de la separación del sujeto y el objeto es falsa, el objeto del practicante o yogui de Solo-Mente es suprimirla.

El Buda enseñó que los fenómenos se pueden dividir según tres naturalezas. Los fenómenos dependientes, los imputados y los perfectamente establecidos. Los filósofos Solo-Mente explican que los fenómenos dependientes son cosas impermanentes como, por ejemplo, las mesas y las sillas. Sostienen que su existencia independiente de la conciencia que los aprehende es su naturaleza imputada, mientras que la ausencia de esa existencia independiente es su naturaleza perfectamente establecida. Según los filósofos de Solo-Mente, la naturaleza imputada de nuestras mesas y sillas no existe en realidad. El reconocimiento de esta inexistencia es lo que los yoguis de Solo-Mente buscan en su meditación.

Otro aspecto de la naturaleza perfectamente establecida de las cosas es que nombres y designaciones no se refieren naturalmente a ellas. Mesas y sillas parecen ser la base natural para que sean llamadas mesas y sillas. Parecen poseer esta cualidad por su carácter propio, independientemente de que nosotros las nombremos. Los filósofos de Solo-Mente señalan que, si esto fuera así, entonces el nombre "mesa" se aplicaría a la mesa antes incluso de que alguna vez se la llamara "mesa", y que nada más podría recibir el nombre de "mesa".

Si miramos una botella, sentimos que posee el criterio innato para ser llamada "botella". No sentimos que el nombre "botella" sea solo una designación que se da convenientemente al objeto. Sentimos como si hubiera alguna relación natural entre la botella y su nombre, "botella", y que la botella viene a la existencia poseyendo la cualidad de ser el referente natural del término "botella". Si esto fuera así, razonan los filósofos de Solo-Mente, ¿cómo podría un objeto particular –nuestra botella, por ejemplo– poseer alguno más que su único nombre natural? ¿Y cómo muchos objetos podrían poseer el mismo nombre?

Se dice que la comprensión de que los fenómenos no son los referentes naturales de los nombres es equivalente a la comprensión de la falta de separación entre los objetos y la mente que los percibe.

Se debe señalar que hay naturalezas imputadas existentes, tales como los fenómenos permanentes, que incluirían el concepto de espacio, y hay otras inexistentes, como el hijo de una mujer estéril. Sin embargo, estas no interesan a los yoguis que están tratando de liberarse de su inclinación natural a considerarse a sí-mismos y los demás fenómenos como algo independiente de la experiencia mental que de ellos se tiene.

9

El Camino Medio

El Camino Medio al que se refiere el nombre de esta escuela filosófica es una postura que evita los dos extremos del nihilismo y el absolutismo. El nihilismo es la negación de la existencia de toda realidad, incluso de la existencia convencional. El absolutismo es la creencia en cualquier existencia real, sustancial o independiente. El rechazo de estos dos extremos adopta una posición que sostiene que todo lo que existe es originado dependientemente.

Se entiende que las cosas dependen de sus causas a la manera en que un cacharro de barro depende del barro del que está formado. De forma similar, los fenómenos dependen de sus constituyentes como una naranja depende de sus gajos y de su piel, y como la gran extensión del espacio depende del espacio en cada dirección.

Nagarjuna y sus seguidores madhyamikas rechazan la noción de cualquier realidad sustancial o existencia verdadera de las cosas y los acontecimientos. Niegan que las cosas existan independientemente de nuestra aprehensión. La silla, sostienen, no existe como silla de ninguna manera más allá de su ser identificada como silla.

Algunos de los intérpretes de Nagarjuna sostienen que, aunque los fenómenos puedan estar en última instancia vacíos de existencia inherente, en el nivel convencional deben existir de forma inherente. Estos autonomistas del Camino Medio se denominan así por el tipo de signo lógico que consideran esencial para que un yogui genere una comprensión inicial del vacío. Afirman que para que una silla sea establecida como silla debe existir como tal por su lado: debe poseer alguna cualidad inherente de "silleidad". Los autonomistas del Camino Medio aceptan también que, en general, nuestras percepciones sensibles no se equivocan con respecto a los objetos que experimentan, puesto que para ellos la apariencia de "silleidad" —esa cualidad establecida independientemente de la silla— no es incorrecta.

Otro grupo de pensadores madhyamikas son los consecuencialistas del Camino Medio, así llamados por su afirmación de que, para el yogui, es suficiente una consecuencia lógica para comprender el vacío. Rechazan cualquier idea de realidad inherente, incluso en el nivel convencional. La silla, dicen, no posee ninguna existencia inherente —ninguna cualidad de "silleidad"—, aunque esa cualidad parezca existir. Por lo tanto, los consecuencialistas del Camino Medio mantienen que no hay un solo ejemplo de nuestra conciencia convencional que no esté equivocado o distorsionado por la apariencia de la realidad inherente. Es solo el estado mental de equilibrio meditativo del yogui que comprende directamente el vacío lo que carece de distorsión, pues en ese estado todo lo que le aparece al yogui es el vacío o falta de existencia inherente.

Todos los seguidores de Nagarjuna coinciden en que, en nuestra manera normal de ver una silla, esta parece existir inherentemente; una cualidad de "silleidad" aparece a nuestra vista. Identificamos de forma clara el objeto que está ante nosotros como silla. Lo que los seguidores de Nagarjuna discuten es si esta "silleidad" existe o no en efecto desde el lado del objeto, establecida por su carácter propio. En otras palabras, si encontraríamos efectivamente una silla si fuéramos a buscar entre las partes de lo que hemos identificado como una silla que está delante de nosotros. Los autonomistas afirman que si la silla no existiera inherentemente no habría ninguna silla. Así, para ellos, la apariencia de la "silleidad", o alguna cualidad inherente de la silla, no sería una percepción errónea de la silla. Sería en realidad una cualidad esencial para que una silla existiera. Los consecuencialistas responden que nada podría existir inherentemente, y, por lo tanto, cualquier apariencia de existencia inherente sería un error.

Algunos autonomistas de la Vía Media explican la manera en que las cosas existen convencionalmente de una forma semejante a como lo explican los filósofos de Solo-Mente. Afirman que las diversas cosas con las que interactuamos –mesas y sillas, amigos y enemigos– son de la misma esencia que la conciencia que las aprehende. Así, la mesa y nuestra mente al percibirla son de la misma esencia o naturaleza. Estos autonomistas de la Vía Media difieren, sin embargo, con la visión de Solo-Mente en si la mesa existe o no verdadera y sustancialmente. Para los autonomistas, si la mesa es de la misma naturaleza que la mente que la aprehende, entonces no existe verdadera ni sustancialmente, mientras que los filósofos de Solo-Mente afirman que si la mesa no existiera de forma sustancial no podría existir de ningún modo. Otros autonomistas sostienen que las cosas existen tal como aparecen, separadas de la mente que las aprehende, aunque no plenamente independientes de ella.

Todos los seguidores del Camino Medio de Nagarjuna coinciden en que en última instancia –es decir, para la conciencia suprema que experimenta la verdad suprema– las cosas están vacías de cualquier cualidad de existencia, puesto que el vacío de la existencia inherente es todo lo que será experimentado por esa conciencia suprema. El vacío es la verdad suprema. Es lo que aprehende el yogui cuando se centra en lo supremo.

Para experimentar esta verdad última, debemos ir más allá de nuestra manera convencional de percibir la silla que está ante nosotros y analizarla buscando la existencia de una silla que sería independiente de nuestra percepción de ella. En nuestra investigación, examinamos mentalmente con cuidado todas las partes que constituyen la silla –las cuatro patas, el asiento, el respaldo– en busca de una silla que esté ahí, independientemente de esas partes. Llegamos a la conclusión de que no hay nada que pueda ser identificado como una silla fuera de nuestro acto de etiquetar mentalmente las partes reunidas de la silla.

El meditador que ha buscado una silla existente independientemente entre las partes tendrá entonces que dirigir su mente concentrada a la no "encontrabilidad" de esa silla. Concentrándose hasta el punto en el que el meditador experimenta con claridad esa no encontrabilidad de la silla, estará experimentando la comprensión del vacío de la silla verdaderamente existente.

Esa experiencia es producida en principio por un proceso de razonamiento lógico, teniendo como resultado una inferencia del vacío de la silla verdaderamente existente. Esta experiencia deductiva del vacío le aparece al yogui conceptualmente. Si, no obstante, el yogui permanece concentrado en el vacío deducido, al final experimentará ese vacío de la silla verdaderamente existente de forma directa, viéndola con tanta claridad como yo veo las líneas de la palma de mi mano. Se dice en este punto que la mente que está experimentando el vacío y el vacío que está siendo percibido tienen un solo sabor, igual que el agua que se vierte sobre el agua. No existe ya dualidad de sujeto y objeto. El yogui ha alcanzado una etapa de meditación llamada Camino de la Visión, y se refieren a él como el Noble.

Los intérpretes de Nagarjuna están de acuerdo en que el nivel supremo de conciencia –ese estado mental de equilibrio meditativo– comprende directamente el vacío de cualquier cualidad sustancial y verdadera de la silla. La diferencia de opinión entre los principales seguidores de Nagarjuna atañe a si la silla en realidad existe de manera inherente. Para los autonomistas, la silla tendría que hacerlo, porque, si no, no podría existir en absoluto. ¿Cómo podría existir la silla sin tener alguna "silleidad" en ella? La idea parecería absurda: ¿una silla sin silla? Los consecuencialistas responden que si, en efecto, la silla existiera inherentemente, entonces esa cualidad intrínseca de la silla sería identificable y se revelaría sin duda a la conciencia investigadora del Noble que está concentrado en su búsqueda. Esta conciencia investigadora de ese yogui descubre realmente ¡que no hay "silleidad"! ¿Cómo, replican, puede alguien sostener que algo existe si su inexistencia se experimenta directamente en el nivel más profundo? Estos últimos intérpretes afirman, por lo tanto, que todas nuestras percepciones comunes de los fenómenos son necesariamente erróneas, dado que las cosas siempre parecen existir de forma inherente.

Aunque se podría pensar que el vacío que el meditador experimenta posee alguna cualidad de existencia objetiva, este vacío es meramente la *no-encontrabilidad* de cualquier cualidad de la existencia inherente de la silla. El vacío mismo carece de cualquier realidad encontrable; también revelaría que está vacío de existencia inherente si fuera el centro de la investigación del yogui. Por lo tanto, distinguimos entre lo que se testifica desde esa perspectiva suprema y lo que puede aguantar el análisis supremo. El vacío es lo que se testifica, pero *nada* puede resistir el análisis supremo, ni siquiera el vacío que se testifica desde la perspectiva suprema.

¿Cómo existen las cosas?

Si las cosas no existen de la manera en que las percibimos –poseyendo una realidad objetiva identificable–, entonces, ¿cómo interpretamos su existencia? ¿Cómo las cosas pueden ser? ¿Cómo pueden funcionar? Si afirmamos que la silla no existe inherentemente, entonces, ¿cómo explicamos la capacidad de la silla para cumplir la función que cumple, permitiendo que nos sentemos en ella?

Todos los budistas aceptan la existencia de las cosas. Nadie niega que la silla está ahí para que nos sentemos. Los autonomistas del Camino Medio, que aceptan que las cosas existen inherentemente, sostienen que todos los nombres y todas las designaciones deben referirse a cosas que sean sustancialmente reales. Cuando nos referimos a algo que llamamos "la rosa", debe haber algo que podamos identificar y señalar que sea realmente una rosa. Igualmente, se le imputa a la persona la combinación de un cuerpo físico humano y una mente. Los autonomistas afirman que el verdadero referente de la designación "persona" debe encontrarse entre las partes que constituyen a la persona. A este respecto, algunos autonomistas de la Vía Media plantean que el verdadero referente del término "persona" es el continuo mental del individuo, mientras que otros sugieren una conciencia separada que denominan la base-mental-de-todo.

Los consecuencialistas del Camino Medio, rechazando cualquier idea de existencia inherente, argumentan que no hay ninguna silla que se pueda encontrar entre sus partes, y ninguna rosa que se pueda encontrar entre sus pétalos, así que no hay ninguna persona que se pueda encontrar entre los aspectos constituyentes de cuerpo y mente. Además, cada parte de la persona, sometida al mismo escrutinio, revelará que es igualmente inencontrable entre las partes que la constituyen. Mi brazo, hecho de huesos, carne, músculo, piel, etc., no puede ser identificado entre sus partes. "Brazo" es meramente un nombre imputado con relación a las partes. Mi continuo mental, constituido por una serie de momentos de conciencia, es también solamente una designación imputada en función de todos esos momentos de conciencia. Cada una de las partes físicas y mentales de las que estoy compuesto está igualmente vacía de cualquier existencia identificable. De este modo, los consecuencialistas concluyen que nada puede existir inherentemente, sea de manera convencional o suprema.

Nuestra reacción inicial al saber que las cosas no poseen una existencia objetiva o inherente es, comprensiblemente, de sorpresa. Descubrimos que la manera real en la que las cosas existen es muy opuesta a como naturalmente nos referimos a ellas. Sin embargo, cuando ahondamos nuestra comprensión y nos acostumbramos a una visión correcta del mundo, finalmente llegamos a sentir: «Por supuesto, las cosas no poseen existencia inherente. Esta *debe* ser la manera en que existen». Si las cosas poseyeran alguna cualidad inherente de existencia, entonces esa característica independiente surgiría necesariamente de nuestra búsqueda de ella. En cambio, la investigación revela con toda claridad la falta de tal existencia.

Nagarguna propone en *La preciada guirnalda* que, así como un espejismo parece mostrar que hay agua desde una cierta distancia, mientras que de cerca se revela que no la hay, la mente y el cuerpo parecen ser el sí-mismo, mientras que cuando los examinamos con atención demuestran no serlo.

Si no sabemos por qué el Buda enseñó sobre el vacío, interpretaremos mal el vacío. Tenemos que reconocer que nuestra adhesión a la existencia inherente de las cosas es la base de aflicciones como el apego y la aversión y de toda la desdicha que se sigue de ello. A la inversa, al contrarrestar nuestra adhesión natural a la existencia inherente, eliminamos la base del sufrimiento.

Como nos recuerda Shantideva en su *Guía del modo de vida del bodhisattva*, no son los objetos del mundo que nos rodea los que están siendo refutados por el concepto de vacío; es nuestra percepción de que esos objetos poseen una existencia real, inherente, que trabajamos para invertir, porque esa adhesión es la causa de toda nuestra desdicha.

La cualidad de existencia que debe ser negada para desarraigar completamente la causa de nuestro sufrimiento es de la naturaleza más sutil. La refutación de un sí-mismo unitario, inmutable e independiente no bastará, ni tampoco la negación de un sí-mismo autosuficiente y sustancialmente existente. Si no contrarrestamos la cualidad de existencia inherente, entonces la base de nuestra adhesión se mantendrá. Nagarjuna nos dice: «La característica clave del vacío es su capacidad para disolver cualquier elaboración conceptual». Es, por lo tanto, esencial que neguemos cualquier vestigio de realidad objetiva para desmontar los mecanismos de nuestra ignorancia fundamental y, de ese modo, eliminar la posibilidad de aflicción y la desdicha subsiguiente.

Es importante señalar que la negación de esta cualidad no existente no implica la existencia de algo en su lugar. Es una mera negación que no afirma nada, comparable a mi afirmación de que no hay una televisión en mi habitación. De ninguna manera estoy sugiriendo que no haya otras cosas en la habitación. Igualmente, el vacío de una existencia inherente no implica la existencia de alguna otra cualidad. El vacío se refiere a la no existencia de la existencia inherente.

Las aflicciones

Si examinamos nuestros procesos psicológicos, especialmente cuando experimentamos emociones fuertes como el apego o la ira, nuestra adhesión a la realidad objetiva de las cosas da origen a una manera distorsionada de percibir el mundo. Cuando descubrimos algo atractivo, superponemos sobre ese objeto cualidades de deseabilidad que van mucho más allá de lo que está justificado. Nuestro sentimiento de apego hacia el objeto se transforma entonces en deseo. Igualmente, cuando encontramos algo poco atractivo, instantáneamente superponemos sobre él una cualidad exagerada de indeseabilidad. Esto da lugar a una reacción de repulsión o aversión hacia el objeto, que culmina en sentimientos como la ira, la hostilidad o el odio. Subyacente a nuestras emociones aflictivas complejas está nuestra manera distorsionada de percibir la cualidad de los objetos, que se deriva de la creencia profundamente arraigada de que todas las cosas y todos los acontecimientos poseen alguna forma de realidad objetiva e inherente. Esta es la razón de que sea crucial que corrijamos nuestra manera distorsionada de contemplar el mundo.

¿Cómo hacemos para eliminar ese engaño fundamental? No podemos hacerlo simplemente formulando un deseo: «Que mi adhesión a la existencia inherente desaparezca». Tampoco podemos hacerlo por medio de la bendición de alguien. Nuestra manera profundamente distorsionada de percibirnos a nosotros mismos y el mundo que nos rodea solo se puede cambiar mediante el cultivo de una percepción válida que se oponga a la manera imperfecta en que de manera natural percibimos las cosas. Esta percepción válida es el verdadero discernimiento en el vacío.

Es útil comprender lo que yo llamaría la ley de las fuerzas opuestas. Conocemos la ley de las fuerzas opuestas que operan en el mundo material. Si una habitación nos resulta demasiado fría, podemos subir la temperatura. Si la encontramos demasiado caliente, la bajamos. La ley de las fuerzas contrarias funciona aquí porque calor y frío no existen simultáneamente sin que uno determine al otro. Igualmente, podemos eliminar la oscuridad de una habitación encendiendo la luz.

Así como la ley de fuerzas opuestas funciona de diversas maneras en el mundo natural, también funciona en nuestro mundo mental. Para contrarrestar nuestras emociones negativas, como la ira y el odio, cultivamos la amabilidad amorosa y la compasión. Igualmente, para contrarrestar sentimientos fuertes de lujuria y apego, meditamos en la impureza y la impermanencia del objeto de nuestro deseo. Nuestro proceso de pensamiento se opone a nuestras emociones aflictivas y gradualmente las hace disminuir.

Esos antídotos solo socavarán nuestras aflicciones; no las eliminarán totalmente. La comprensión del vacío, al estar fundamentada en el discernimiento, tiene un efecto radical en nuestras tendencias mentales negativas, de manera similar a encender la luz en una habitación oscura, porque inmediatamente disipa nuestra habitual adhesión ignorante a la existencia inherente.

Algunas de nuestras aflicciones tienen un carácter cognitivo, mientras que otras son de naturaleza más impulsiva. La ira y el apego, por ejemplo, son impulsivas, y poseen un carácter cognitivo muy inferior. Nuestra ignorancia fundamental tiene una cualidad cognitiva muy superior. Por consiguiente, para contrarrestarla debemos cultivar su opuesto directo, la sabiduría que comprende el vacío.

Aunque tanto la sabiduría como la ignorancia son cualidades mentales, el poder de nuestra ignorancia fundamental procede principalmente de la costumbre prolongada. Sin embargo, nuestra ignorancia fundamental no concuerda con la manera en la que las cosas son realmente: no hay, en realidad, ninguna base para nuestra percepción errónea, y no hay ningún soporte válido para ella en la razón. En cambio, aunque el vacío pueda en un principio ser difícil de comprender, el concepto de vacío está de acuerdo con la realidad, porque se basa en la experiencia válida y puede resistir el escrutinio lógico.

Una vez que hemos cultivado la sabiduría que comprende el vacío, debemos aumentar su potencial desarrollando una cierta familiaridad con ella. De ese modo, nuestra sabiduría alcanzará de forma natural un punto en el que pueda erradicar nuestra ignorancia fundamental.

Además, la naturaleza esencial de nuestra mente es su claridad y luminosidad. Estas cualidades de la mente son puras y sin contaminar. A través del cultivo prolongado de la sabiduría, es posible erradicar nuestra ignorancia fundamental hasta el punto en el que las aflicciones, junto con cualquier propensión hacia los pensamientos aflictivos que surjan como dependencia de nuestra ignorancia, sean eliminados. Esta posibilidad de eliminar todos los obstáculos a la luminosidad pura y de conocer sugiere nuestro potencial para alcanzar un estado de omnisciencia.

La originación dependiente

Así pues, ¿quién soy yo? ¿Quién o qué está en el centro de mí? ¿Soy yo alguno de los elementos individuales mentales o físicos que constituyen lo que pienso como "yo"? ¿O soy una mera combinación de ellos? Si no soy identificable con los elementos individuales del cuerpo, y tampoco puedo ser identificado con el conjunto de esos elementos, entonces, ¿quién soy yo? ¿Puedo ser identificado como algo separado e independiente de esos elementos físicos? Esta posibilidad es también insostenible; ¿cómo podría ser yo independiente de las partes que me constituyen?

Nagarjuna demuestra que el concepto de "yo" debe comprenderse meramente como una designación en relación con el conjunto de las partes –física y mental– que me constituyen. Si algo es designado, evidentemente no existe de forma independiente, porque esa designación depende de la base sobre la que se designa. Si algo posee una naturaleza dependiente, entonces no puede existir independientemente, porque dependencia e independencia son mutuamente excluyentes. De ahí que el concepto de "yo" no sea existente de manera independiente o inherente, dado que algo que es dependientemente existente contradice su existir independiente.

El significado verdadero del vacío debe entenderse en relación con la originación dependiente. Como dice Nagarjuna en el mismo texto: «Se ha enseñado que aquello que es originado dependientemente está vacío, y a eso lo llamo el Camino Medio». La dependencia a la que se refiere no se puede limitar a la dependencia causal en el mismo sentido en el que el brote está contenido en la semilla, o que nuestro sufrimiento se sigue de nuestras acciones anteriores no virtuosas. Para refutar la existencia inherente, nuestra comprensión de la originación dependiente debe reconocer la designación dependiente. Es solo cuando comprendemos que la silla existe meramente en función de que nosotros la identificamos como tal cuando llegamos a una noción de la originación dependiente que puede socavar nuestra visión natural de la silla como algo que existe de forma inherente.

De manera similar, al considerarnos a nosotros mismos debemos reconocer que "yo" existe solo con relación a la designación de una cualidad de sí-mismo para las partes mentales y físicas que son la base para mi identificación de "mí".

El vacío es una cualidad de todos los fenómenos. Como afirma Nagarjuna: «No hay ningún fenómeno que no esté originado dependientemente; no hay nada que no esté vacío».

Una vez que comprendemos el vacío en el sentido de originación dependiente –y de designación dependiente en particular–, sabremos que las cosas existen por la mera designación y la etiqueta. La mesa es designada o etiquetada "mesa" con relación a su base de designación: las partes de la mesa. Esas partes no son la mesa; son la base sobre la que identificamos algo como "mesa". No hay ninguna mesa que exista inherentemente entre sus partes integrantes. Si buscamos entre esas partes –el tablero de la mesa, sus lados y sus patas–, no aparecerá una mesa identificable oculta entre ellas. También, la idea de nuestra mesa apareciendo separadamente de aquellas partes es absolutamente absurda. ¿Cómo podría existir una mesa que careciera de sus partes?

Es importante aclarar que nuestra mesa, que existe por la sola designación o la etiqueta, y el nombre "mesa", no son una sola y misma cosa. El nombre "mesa" es una palabra y, por lo tanto, parte del lenguaje, mientras que la mesa es un mueble sobre el que colocamos cosas.

Como dije antes, esta inencontrabilidad de nuestra mesa es una cualidad que se aplica también a todas las demás cosas. Podemos buscar el coche entre sus partes, la casa entre sus partes, y el árbol entre la raíz, el tronco, las ramas y las hojas, pero no encontraremos ningún coche, ninguna casa, ningún árbol.

Lo mismo es cierto de los sonidos y olores, cada uno de los cuales tiene partes que forman la base para que los identifiquemos como sonidos u olores. Igualmente, todo lo que hay en el reino de la existencia, sea producido o conceptualizado, existe por mera imputación. Este estatus de los fenómenos es su vacío. No es vacío en el sentido de una habitación vacía; es un vacío de cualquier cualidad localizable de "habitacioneidad" entre las partes que constituyen la habitación.

Todos los fenómenos surgen del vacío

Como afirma Nagarjuna en su *Comentario sobre la mente despierta*: «Si comprendemos que todos los fenómenos están vacíos, la relación de causa y efecto –el karma y sus frutos– se vuelve sostenible. Esto es, en efecto, muy admirable, ¡más admirable que lo más admirable, más asombroso que lo más asombroso!».

Al comprender el vacío en términos de originación dependiente, podemos establecer la funcionalidad de las cosas. Podemos reconocer las relaciones entre las causas y sus efectos como interdependientes y, por lo tanto, necesariamente dependientes entre sí. Si algo poseyera una existencia objetiva, inherente, se convertiría en una realidad autoencerrada que le impediría interrelacionarse con otros fenómenos. Por lo tanto, es esta falta de existencia inherente –este vacío– lo que permite a cada cosa funcionar, ser producida, producir e interactuar con otras cosas.

Designación dependiente

Como dije antes, el principio de la originación dependiente –*pratityasamutpada*– es una característica definitoria de la filosofía budista. Hay diferentes niveles de interpretación de *pratityasamutpada*, empezando con la dependencia de las cosas y acontecimientos de sus causas y condiciones. Todos los budistas aceptan este nivel, que solo se aplica a las cosas condicionadas. El siguiente es la interpretación de la originación dependiente respecto de la relación entre las partes y el conjunto. Llegamos en última instancia al concepto de designación dependiente que hemos examinado.

La primera de estas tres relaciones dependientes se limita a los efectos resultantes de sus causas. La relación es válida en una sola dirección temporal, porque el flujo del tiempo desde el pasado hacia el futuro prohíbe que una causa dependa de su efecto en el sentido de ser el resultado de este.

Considerado de manera más sutil, reconocemos que así como algo solo puede ser identificado como un efecto de su causa, lo inverso es también verdadero: una causa solo puede ser identificada como causa con respecto a su efecto. ¿Cómo podría algo ser una causa si no fuera la causa de un efecto? Su identidad causal es, por consiguiente, dependiente de su efecto posterior. En este sentido, la relación dependiente funciona en ambas direcciones temporales.

Aunque una causa no pueda ser efecto de sí misma, no obstante es necesariamente el efecto de una causa distinta de ella. El brote es efecto de su semilla causal, al tiempo que es también la causa del futuro árbol. Esto demuestra que ninguna causa es una causa absoluta, en sí misma y por sí misma. Las causas son solo causas en relación con sus efectos, mientras que son también efectos en relación con sus propias causas. Cualquier cosa, por consiguiente, puede ser denominada causa en relación con sus efectos, y efecto en relación con su haber sido causada. Nada tiene la menor cualidad inherente de ser una causa o un efecto, porque esto impediría a la causa ser otra cosa distinta a una causa, o al efecto ser otra cosa que un efecto.

Tomando el ejemplo de una silla de madera, podemos comprender que el árbol del que está hecha es una causa de la silla. La existencia de la silla depende de ese árbol; no habría silla sin el árbol. Sin embargo, no se puede decir que el árbol dependa de la silla en ningún sentido causal. Igualmente, de una manera temporal podemos decir que la silla de hoy es el efecto de la silla de ayer, siendo cada momento de nuestra silla la causa del momento siguiente de la silla. Aquí de nuevo la existencia de la silla de hoy –la silla resultante– depende de la existencia de la silla de ayer –la silla causal–. Es más difícil decir que la silla de ayer depende de la silla de hoy. Sin embargo, podemos reconocer que la silla causal solo puede ser considerada una silla causal en relación con la silla resultante, como causa sin efecto no tendría sentido.

Demos un paso más. Aunque la silla de hoy resulte de la silla de ayer, causa también la silla de mañana. Por lo tanto, la silla de hoy no es inherentemente una silla resultante. Solo lo es dependientemente, así designada en dependencia de su condición de efecto de la silla causal del día anterior. Así como necesita la silla de ayer para ser una silla resultante, así necesita la silla de mañana para ser una silla causal.

Una interpretación más basta de la originación dependiente nos preparará para captar sus interpretaciones más sutiles. A la inversa, nuestra comprensión del vacío como mera designación nos permite comprender mejor la relación de dependencia entre las cosas y sus partes, lo que a su vez ahondará nuestra comprensión de la mecánica de causa y efecto.

Mientras desarrollamos nuestro discernimiento del vacío, también debemos trabajar para purificar nuestros motivos para buscar este aspecto de sabiduría del camino a la iluminación. La sabiduría sola no nos llevará al estado último de la budeidad. Debemos desarrollar el aspecto del método del camino por el que podamos servir a nuestros compañeros sensibles y conducirles hacia la felicidad y la liberación de todos los niveles de sufrimiento.

10

El camino como método

Como practicantes espirituales nos esforzamos por llegar a la simplicidad. Al evitar una atención excesiva a nuestra comodidad, evitamos también un estilo de vida demasiado ascético, dado que la práctica espiritual verdadera pretende transformar nuestro estado mental, no dominar la penitencia física. Deberíamos tener claro que no se trata de algún dictado que se debe seguir porque el Buda nos dijo que evitáramos los excesos. Somos nosotros quienes sufrimos como resultado de la complacencia o el ascetismo. Disminuyendo nuestra tendencia a esos extremos, aportamos más felicidad a nuestra vida.

Pienso que es mejor, para el practicante laico, seguir implicado en la sociedad mientras lleva una vida espiritual. Aunque algunos individuos excepcionales pueden ser capaces de entregarse totalmente a prácticas de meditación profundas, yo mismo trato de seguir un camino medio, equilibrando los asuntos espirituales con la responsabilidad mundana.

Preparación de la mente

La esencia de la preparación de la mente es el cultivo de *bo-dhicitta*, la mente altruista que busca alcanzar la iluminación plena de un Buda para beneficiar de manera más eficaz a todos los seres sensibles. Comenzamos nuestra preparación reflexionando sobre las desventajas del quererse demasiado a sí mismo y las ventajas de trabajar por el bienestar de otros. Hacemos esto mediante la meditación analítica, escudriñando y contemplando sosegadamente estas ideas durante muchos meses, incluso años, de manera que finalmente podamos percibir que los otros son más importantes que nosotros mismos.

En esta práctica aprendemos también a transformar nuestras adversidades en oportunidades. No debemos esperar que las situaciones que suponen un reto para nosotros cambien, sino que, alterando nuestra actitud hacia esas situaciones, podremos considerar la dificultad no como algo de lo que deseamos escondernos, sino como una oportunidad para trabajar sobre nosotros mismos. Esto nos ayudará de manera natural a soportar situaciones que anteriormente podríamos haber considerado intolerables. De este modo, para un practicante con una formación mental avanzada, incluso situaciones que normalmente parecerían ser obstáculos al crecimiento espiritual, como una enfermedad que conduce a un acortamiento de la vida, se pueden convertir en oportunidades para el desarrollo interior. Un practicante del pasado dijo: «Seré desgraciado cuando las cosas sean prósperas y me alegraré cuando no lo sean, pues así es como se desarrolla la práctica espiritual».

Para la mayoría de nosotros, nuestra imagen de practicantes espirituales depende de que las cosas nos vayan bien. El gran maestro tibetano Togmey Zangpo escribió: «Cuando el sol brilla y la tripa está llena, todo parece santidad; sin embargo, cuando nos enfrentamos a la adversidad, no se puede encontrar ninguna huella de lo verdaderamente santo». Cuando las cosas van bien, nos vemos como practicantes; pero cuando surgen los problemas, cualquier rastro de virtud parece desvanecerse. Discutiremos con nuestros compañeros, incluso les insultaremos cuando nos parezca necesario.

El verdadero practicante espiritual, particularmente el comprometido en la preparación de la mente, debe ser capaz de usar la desdicha para la práctica espiritual. El practicante debería ser más menospreciado que alabado. Cuando somos admirados, existe el peligro de que surja el orgullo, que provoca arrogancia hacia los inferiores, celos hacia los superiores y competencia hacia los rivales. Es menos probable que experimentemos esas emociones sin un inflado sentido del sí-mismo.

Si disfrutamos de éxito en la vida, deberíamos evitar la vanidad, y, en cambio, utilizar la oportunidad para apreciar los resultados de la virtud y determinar practicarla tan a menudo como sea posible. Si deseamos ser auténticos practicantes de la preparación mental, debemos transformar hábilmente cualquier acontecimiento imaginable para aumentar nuestro compromiso con los otros. Cuando surja en nosotros una vaga sensación de arrogancia, el pensamiento de *bodhicitta* debería desinflarla. Y cuando nos enfrentemos a la tragedia, en vez de sentirnos desmoralizados deberíamos utilizar la situación para intensificar nuestra práctica, considerando los innumerables seres sensibles que sufren de manera similar e incluso más que nosotros. Shantideva, en su *Guía del modo de vida del bodhisattva*, expresa este sentimiento en un verso que encuentro particularmente inspirador:

> *Mientras el espacio permanezca,*
> *mientras los seres sensibles permanezcan,*
> *que también yo permanezca*
> *para disipar su desdicha.*

De este modo, preparar la mente aumenta *bodhicitta* de una manera más hábil, moldeando nuestras facultades mentales y permitiéndonos apreciar y beneficiarnos de las dificultades que, de otra manera, nos causarían desdicha.

Cómo ordenar nuestra práctica

Es importante que ordenemos correctamente nuestras prácticas. Empezamos reflexionando sobre la rareza y lo valioso de la vida humana. Contemplamos luego nuestra impermanen-

cia y la muerte inevitable. Consideramos las leyes del karma
–causa y efecto– y cuánto dolor es resultado de nuestras acciones no virtuosas, mientras que la felicidad se deriva de la
virtud. Finalmente, contemplamos el sufrimiento que impregna nuestra vida en el ciclo de vida y muerte. Estos pensamientos preliminares nos permiten desarrollar la compasión hacia
los infinitos seres sensibles que, como nosotros, sufren en el
samsara. La compasión –el deseo de liberarlos del sufrimiento– nos llevará a reconocer la necesidad de desarrollar nuestra capacidad de ayudarlos y servirá como semilla de *bodhicitta*.

Que seamos o no capaces de generar *bodhicitta* está deter-
minado por la fuerza de nuestra compasión. Crucial para cultivar la compasión es nuestro sentimiento de cercanía a los
otros y nuestra comprensión de la naturaleza del sufrimiento
del que deseamos liberarlos. Cuanto más claramente veamos
la grave situación de los demás, más se inclinará nuestro corazón hacia ellos.

Inicialmente, es más fácil reconocer nuestro insatisfacto-
rio estado de ser. Debemos identificarlo y reconocerlo hasta la
repugnancia. Esto nos llevará a sentir rechazo por nuestras actitudes y hábitos mentales aflictivos, es decir, las condiciones
que han provocado nuestra situación. Necesitamos contemplar
la naturaleza destructiva de estas aflicciones, porque son el origen de nuestra desdicha. Para esto, debemos comprender los
mecanismos del karma.

El karma, como hemos analizado anteriormente, se refiere a la dinámica por la cual ciertas acciones dan nacimiento a ciertas consecuencias. Esto debe ser reconocido, comprendido y considerado en la meditación, para que podamos reconocer que son nuestras propias acciones –en particular nuestras acciones mentales– las responsables de nuestras dificultades en la vida.

Debemos también llevar un sentimiento de urgencia a nuestra práctica reflexionando sobre la muerte y la impermanencia. El mero reconocimiento de que finalmente moriremos no es suficiente. Debemos reconocer el peligro de que podamos morir sin haber aprovechado la oportunidad que nuestra existencia humana nos concede. No se trata de miedo a la muerte, sino, más bien, de la preocupación porque podamos morir sin utilizar esta maravillosa vida humana. Para este reconocimiento necesitamos apreciar verdaderamente el valor de la existencia humana que poseemos.

Por consiguiente, comenzamos nuestra meditación contemplando el valor de nuestra vida humana y las oportunidades que ofrece. Intensificamos nuestra determinación de hacer buen uso de esta vida considerando nuestra muerte inminente. Seguimos considerando los mecanismos del karma, y la naturaleza desdichada de la existencia cíclica. Este proceso de pensamiento conduce naturalmente a la renuncia de cualquier implicación con los asuntos del *samsara*.

Para lograr un verdadero aprecio de este nacimiento humano, el practicante de la preparación mental medita sobre las otras formas de vida de la existencia. El budismo propone tres reinos inferiores en los que se puede nacer como resultado de las acciones motivadas por el egoísmo y realizadas a expensas de los otros. Un comportamiento negativo poderoso provoca el intenso sufrimiento experimentado en los infiernos fríos o calientes, mientras que actos menos poderosos producen el dolor del hambre experimentado por los *pretas* –fantasmas hambrientos– que son incapaces de satisfacer su apetito. La negatividad ligera impulsa hacia la vida animal, cuya ignorancia inhibe el desarrollo espiritual y cuyas maneras viles le provocan más sufrimiento. Además del reino humano del que tenemos la fortuna extraordinaria de participar, existen los reinos de dioses y semidioses, en los que uno nace como resultado de los actos neutrales o virtuosos.

Esta es una descripción simplificada de nuestra visión budista de los diferentes reinos de la existencia. Nos toca a cada uno de nosotros investigar y considerar los mecanismos del karma de forma que seamos inspirados a comportarnos de maneras que generen la felicidad para nosotros mismos y para los que nos rodean.

Cuando hemos contemplado el intenso sufrimiento experimentado en los reinos inferiores y desarrollamos aprecio por nuestra condición humana, reconocemos que, muy probablemente, la muerte nos impedirá completar el trabajo de nuestra vida. Nuestro miedo a no hacer uso de esta oportunidad humana nos conducirá a reflexionar sobre cómo nuestras acciones motivadas de manera egoísta provocan nuestro sufrimiento, y sobre cómo nuestra conducta virtuosa tiene por resultado la felicidad.

A partir de esta reflexión crecerá la comprensión de cómo las aflicciones nos apresan en un estado perpetuo de desdicha en la existencia cíclica, lo que a su vez aumentará nuestro deseo de salir del *samsara*. Nuestra renuncia a cualquier implicación en los asuntos de la existencia cíclica es un importante paso espiritual, no entendiéndola como una purga de amigos, familia y pertenencias físicas, sino más bien como un cambio en nuestra actitud hacia estos. Ya no nos entregamos a preocupaciones mundanas, sino que, en su lugar, trabajamos por conseguir la liberación de las cadenas de tales preocupaciones, y particularmente de aflicciones como el deseo y la ira que nos atan al *samsara*.

Cuanto mayor sea el sentimiento de repulsión hacia las aflicciones, y cuanto más penetrante sea el discernimiento de la naturaleza del sufrimiento, más profunda será la compasión cuando dirijamos la atención hacia los otros. Reconocemos que, igual que nosotros deseamos no sufrir, los demás desean lo mismo. Cuando los veamos atrapados en el círculo vicioso de su desdicha, nuestro sentimiento de compasión crecerá, como lo hará nuestra aversión a las actitudes aflictivas que causan su sufrimiento. Como resultado de ello, el reconocimiento de nuestra impotencia nos inspirará para alcanzar el estado supremo de la iluminación. Esta es la aspiración de *bodhicitta*.

Sufrimiento

Como afirmé anteriormente, cuando contemplamos el sufrimiento de todos los seres sensibles, es en particular en la naturaleza omnipenetrante de este sufrimiento de condicionamiento en lo que deberíamos centrarnos. ¿Cuál es la naturaleza de este sufrimiento penetrante? Es nuestra misma situación bajo el control de hábitos resultantes de nuestras pasiones y aflicciones del pasado. Es, por lo tanto, esencial que cultivemos el deseo de que todos los seres sensibles superen este sufrimiento condicionado más sutil que penetra su existencia en tanto permanecen en la existencia cíclica.

Es importante que comprendamos verdaderamente lo omnipenetrante que es el sufrimiento. Sentimos simpatía de manera natural por un mendigo anciano en la calle. Es menos probable que sintamos compasión por una persona de éxito que disfruta de riqueza y poder –¡es más probable que la envidiemos!–, pero esto indicaría que no hemos llegado todavía a apreciar el hecho de que toda existencia condicionada se caracteriza por el dolor. Aunque la situación de nuestro mendigo sea sin duda desgraciada, sus modestas preocupaciones, limitadas como están a encontrar comida y un lugar para dormir, podrían permitirle tener una mente más pacificada, libre de las expectativas, la competencia, la preocupación por el futuro y las frustraciones de la persona que tiene éxito en la vida. Cuando comprendemos lo esclavizada que esta última está por fuertes emociones destructivas, podemos empezar a entender que la persona con éxito es igualmente merecedora de compasión. Ampliando esas líneas de contemplación podemos ampliar nuestra compasión para incluir incluso a aquellos que nos hacen daño.

Mecanismos del karma

Desde una perspectiva budista, si la víctima de un acto perjudicial no se está comportando bajo la influencia de emociones destructivas, no acumulará la negatividad que, de otro modo, le provocaría más daño en el futuro. También, mediante su capacidad para soportar los actos perjudiciales con actitud de aceptación, el individuo puede agotar la fuerza de la negatividad pasada en que hubiera incurrido, negatividad que, desde la perspectiva del karma, se considera que es la causa real del daño que afronta en este momento. En otras palabras, si alguien me golpea, yo estoy experimentando la consecuencia de alguna acción no virtuosa que ejecuté en el pasado. Al ser golpeado agoto el potencial que esa no virtud particular del pasado tiene para dañarme.

Con frecuencia, la ira y el deseo van juntos. Cuando experimentamos un fuerte deseo por un objeto aparentemente inalcanzable, y percibimos que alguien está impidiendo el cumplimiento de nuestro deseo, nos enfadamos. Lo que alimenta ese enfado es un fuerte apego al objeto deseado. Nos consumiremos por una sensación del "yo" que desea el objeto. Intentaremos aprehender simultáneamente la realidad intrínseca que atribuimos falsamente al objeto deseado y el igualmente falso sentimiento del sí-mismo en el núcleo de nuestro desear. En este punto, estamos bajo la influencia de las tres aflicciones raíces –apego, ira e ignorancia–, y, si permitimos esto, seremos víctimas de un mayor sufrimiento.

Por supuesto, es difícil recordar todo esto cuando estamos sufriendo realmente la desgracia. Como resultado, debemos tratar de contemplar estos hechos cuando las circunstancias estén calmadas. Mediante una meditación analítica centrada, poco a poco podemos habituar la mente a esta nueva actitud hacia las injusticias y desgracias que percibimos. Con el paso del tiempo, esta nueva actitud nos proporcionará más tolerancia, permitiendo que seamos más pacientes cuando nos encontremos siendo injustamente provocados. Puede llevar años de práctica antes de que notemos cualquier cambio en nosotros mismos, pero la perseverancia dará fruto *con toda seguridad.*

Cómo pensar en las Tres Joyas

Hemos examinado la importancia de reconocer el valor y la impermanencia de nuestra existencia humana, de comprender las leyes de causa y efecto o *karma*, y de contemplar la naturaleza omnipenetrante del sufrimiento. Además, deberíamos aprender a apreciar el refugio que el camino budista ofrece a partir de estas condiciones. Debemos apreciar lo que se entiende por *Dharma* como verdadera cesación, pues esto es el objetivo esencial de todo nuestro trabajo como practicantes budistas. Sin esta posibilidad de interrumpir la cadena del karma, de poco vale pensar en la rareza y lo valioso de nuestra existencia humana, porque no reconocemos la oportunidad que eso nos concede. Debemos comprender que es posible la liberación de nuestra desdichada situación samsárica, y que tenemos la capacidad de producir esa liberación. De ese modo, llegaremos a apreciar de verdad la oportunidad que nuestra vida humana nos concede.

Contemplar nuestra impermanencia y nuestra muerte inminente nos dará una mayor sensación de urgencia para utilizar nuestra actual encarnación humana. Si no apreciamos las oportunidades que nuestra fugaz vida humana nos concede, me parece que nuestra contemplación de la muerte parecería deprimente e incluso masoquista.

Con la práctica así ordenada, apreciaremos el valor del guía o maestro espiritual, porque reconoceremos que un maestro verdadero puede ofrecer la posibilidad de liberación del círculo vicioso del *samsara*. No estoy hablando aquí de cualquier maestro, sino de un maestro cualificado que tenga una fe profunda en el Buda, el *Dharma* y el *Sangha*, las Tres Joyas en las que nos refugiamos los budistas. Ese maestro o maestra debe poseer la motivación o la intención de vivir su vida de acuerdo con las enseñanzas budistas. Cuando estas cualidades están presentes en un maestro, este se convierte en una encarnación del *Dharma*.

Es en la meditación analítica donde sometemos el *Dharma* a un examen crítico y, de ese modo, fortalecemos nuestra admiración y nuestra fe en el Buda como maestro verdaderamente auténtico de su doctrina del *Dharma*. Esto aumentará la comprensión del camino budista, y la admiración por el *Sangha* –aquellos que están comprometidos con nosotros en recorrer el camino– también aumentará.

Dar y tomar

Deberíamos trabajar por apreciar el bienestar de los demás, hasta el punto de que seamos incapaces de soportar la visión de su desgracia. Como realmente no podemos eliminar su sufrimiento, trabajamos sobre nosotros mismos por medio de una práctica llamada *dar y tomar*. Nos imaginamos dando todas nuestras cualidades positivas, nuestra prosperidad, nuestros recursos y posesiones a los otros, y tomando sobre nosotros mismos todas sus dificultades. En nuestra meditación, tratamos de sentir el sufrimiento de los otros tan insoportable que nuestros sentimientos de compasión hacia ellos alcanzarán una especie de punto de ebullición.

Nos dedicamos a la práctica meditativa de dar y tomar –*tonglen*, se llama en tibetano– con la compasión profundamente sentida que desea asumir todo el sufrimiento, desde el dolor de una enfermedad específica hasta el sufrimiento más generalizado de la existencia condicionada. Empezamos imaginando que estamos tomando sobre nosotros toda la desdicha de los otros. Luego les ofrecemos toda nuestra prosperidad, felicidad y virtudes. Este tomar imaginario refuerza nuestra compasión por todos los seres sensibles, mientras que el dar fortalece nuestro amor por ellos.

Aunque hay algunas personas que pueden practicar inmediatamente el tomar sobre sí el sufrimiento de los otros, para la mayoría es más fácil empezar cargando con nuestro propio sufrimiento futuro. Nos imaginamos indigentes y desesperados, sin ningún recurso y ninguna protección. Visualizamos el tomar realmente esta situación sobre nosotros mismos. Esto nos ayudará a comprender y asumir mejor el sufrimiento verdadero de los otros.

Finalmente, podemos vincular esta práctica con la respiración, imaginando que cuando inhalamos tomamos sobre nosotros mismos todo el sufrimiento de los otros, y cuando exhalamos les estamos ofreciendo nuestra prosperidad y felicidad.

Como practicantes de la preparación mental, trabajamos por incorporar todas las situaciones de la vida a nuestra práctica. Cuando encontramos cosas que deseamos o que nos disgustan, debemos preparar la mente para reconocer de inmediato los sentimientos de deseo o repulsión y aprovechar la oportunidad para transformarlos de manera constructiva. Pedimos: «Que esta experiencia de deseo salve a otros de experimentar lo mismo, y que de ese modo puedan evitar las repercusiones de las actitudes egoístas». Cuando nos enfrentamos a una situación no deseada, un objeto que nos disgusta, o una provocación hostil, o cuando sentimos que surge la ira, debemos tener la presencia de mente para pensar: «Que mi experiencia de ira sirva para liberar a todos los demás de ser dañados por emociones aflictivas similares».

Es útil recitar palabras inspiradoras como estas de *La preciada guirnalda* de Nagarjuna: «Que todo el sufrimiento y los problemas de los otros maduren en mí, y que toda mi virtud, prosperidad y felicidad florezcan en ellos». Repetir esas palabras nos ayuda a interiorizarlas.

Generar *bodhicitta*

Debemos mantener siempre presente que nuestra actividad puede tener como resultado la disminución de nuestro sufrimiento y del sufrimiento de los demás. Cuando el practicante budista que discierne amplía su preocupación para incluir a todos los demás, el conocimiento de que su desdicha puede ser eliminada real y verdaderamente intensificará de manera natural el deseo de que esto suceda. Y este deseo intensificado aumentará a su vez nuestra energía para la práctica.

Los practicantes de mente perspicaz empiezan cultivando la sabiduría, que en esencia es la comprensión de que toda realidad está caracterizada por el vacío. Con esa intuición, nuestra admiración por el Buda no se basará en la mera fe, sino que, por el contrario, se derivará del conocimiento de los aspectos causales que produjeron su estado plenamente iluminado. De ese modo reconoceremos también la naturaleza sutil de las aflicciones mentales y las causas que las originan, junto con el hecho de que la liberación de esas aflicciones es posible. Esto nos llevará a comprender que la naturaleza esencial de la mente es, simplemente, claridad y conocimiento, y que los contaminantes que oscurecen la mente se pueden eliminar.

Otro método para generar *bodhicitta* comienza con el deseo de que los seres sensibles estén libres de sufrimiento. Esto nos lleva a asumir la determinación del *bodhisattva* de trabajar por alcanzar la budeidad para guiarlos más eficazmente a salir de su difícil situación. Según este método, solo se procedería a cultivar la sabiduría –la comprensión del vacío– tras haber generado esta determinación.

Aunque es importante aspirar a ayudar a los otros en el grado que sea posible, es esencial que nuestra práctica permanezca en última instancia dirigida al logro de la iluminación plena. Cultivamos y mantenemos el reconocimiento de que *bodhicitta* –la mente altruista del iluminado– es la esencia de nuestra práctica, dado que es el único remedio de todos los males, nuestros y de los otros. *Bodhicitta* es el corazón de la práctica budista; es el medio más eficaz para purificar la negatividad, la manera más poderosa de acumular mérito, el método más hábil para devolver la amabilidad de los otros, y nos permitirá realizar nuestras aspiraciones más profundas, así como ayudar a los demás a que lo hagan. Por medio de esta mente de iluminación altruista, lograremos nuestros objetivos para esta vida y las vidas futuras. Es más, nuestra práctica de *bodhicitta* es el mayor ofrecimiento que podemos hacer al Buda.

Cuando avancemos, debemos aplicar diligentemente medidas en contra de cualquier acto no virtuoso al que nos hayamos entregado, particularmente la actitud de encariñamiento con el yo. Si sentimos que surge en nosotros la sensación de engreimiento, debemos controlarla de inmediato. Del mismo modo, si nos descubrimos experimentando deseo por algún objeto de apego, nuestra atención plena debería advertirlo para aplicar rápidamente el antídoto. Así es como purificamos nuestros actos negativos pasados, al tiempo que desarrollamos también la vigilancia por la cual evitamos implicarnos en más actos de ese tipo.

Empezamos cada día con la determinación de entregarnos a la práctica de *bodhicitta*. Finalizamos el día revisando nuestras acciones para ver si hemos estado a la altura de nuestras aspiraciones; lamentamos las acciones motivadas de manera egoísta y juramos trabajar para no repetirlas, y nos alegramos de las positivas, dedicando nuestra virtud a la felicidad de otros.

Hacer uso de la muerte

Aunque sea importante el cultivo de *bodhicitta* durante nuestra vida, es aún más importante hacerlo al final de la vida, porque es la cualidad de nuestro estado mental en el momento de la muerte lo que determina la cualidad de nuestro renacimiento futuro. En ese momento, debemos aspirar a no estar nunca separados de la mente de iluminación altruista. La familiaridad con el proceso de la muerte nos permitirá hacer un uso constructivo de ese momento tan especialmente importante.

En la muerte, los aspectos más bastos de la conciencia cesan o se disuelven, revelando estados más sutiles de conciencia. Uno avanza a través de una serie de etapas que llevan a lo que se denomina la luz clara de la conciencia de la muerte, que los practicantes avanzados son capaces de usar para progresar en su búsqueda de la budeidad. Si carecemos de familiaridad con el proceso de la muerte, encontraremos la experiencia súbita de este nivel más sutil de conciencia aterradora y de ningún beneficio. Sin embargo, si desarrollamos la familiaridad con el proceso en la meditación diaria imaginando y visualizando las disoluciones que acompañan a la muerte, no nos veremos abrumados por la experiencia cuando realmente la afrontemos. En vez de eso, experimentaremos la muerte con la confianza y la conciencia que nos permitirá hacer un uso productivo de ella.

Al prepararse para el final de la vida es útil deshacernos de nuestras pertenencias. Lo hacemos para disminuir nuestro sentimiento de apego a las cosas, pues aferrarse a las posesiones en el momento de la muerte es particularmente nocivo para la mentalidad calma y contenida con que deseamos hacer frente a ese proceso extraordinario. Comprometerse con la generosidad sirve también para aumentar nuestra reserva de mérito. Debemos purificar también la fuerza negativa de las malas acciones, y debemos renovar todos los votos y compromisos que podamos haber asumido para que no se vean comprometidos.

Debemos también rezar para que nunca podamos ser separados del espíritu de iluminación altruista en todas las etapas de la muerte y del más allá.

* * *

La esencia de todas las enseñanzas del Buda se dirige a contrarrestar nuestra adhesión al sentimiento del sí-mismo y a los pensamientos de aprecio excesivo a uno mismo. Cuando ejercitamos la mente en la virtud, fortaleciendo nuestra vigilancia y, de ese modo, manteniendo a raya el aprecio del sí-mismo, no es la admiración por parte de los demás con lo que contamos. Somos nosotros mismos quienes mejor conocemos la autenticidad de nuestras cualidades aparentes. Procedemos con valor y alegría ante la oportunidad de desarrollar un ideal tan maravilloso como *bodhicitta*. Esta alegría debe mantenerse cuando introducimos *bodhicitta* en todos los aspectos de nuestra vida. Mientras comemos, caminamos por la calle o hablamos con nuestros amigos, debería estar presente con entusiasmo la actitud de buscar desinteresadamente la iluminación plena para ayudar a los otros. Cuando esta actitud acompaña todos nuestros actos físicos, verbales y mentales, podemos considerar que estamos preparados.

Ahora, ¡practicad bien!

11

Cómo practicar

Baño María

La comprensión intelectual del camino a la iluminación es importante, y, como ya dijimos, es esencial la captación minuciosa del vacío. Pero ¿cómo trasladamos nuestra comprensión filosófica a la práctica real? Inicialmente deberíamos reafirmar nuestro refugio en las Tres Joyas: el Buda, el *Dharma* y el *Sangha*. Consideramos las cualidades de cada una de ellas, y nos encomendamos a ellas. Es el Buda quien nos conduce a lo largo del camino hacia la libertad del ciclo vicioso de desdicha en el *samsara*. Y es su enseñanza la que indica el camino que debemos seguir. Son los practicantes avanzados comprometidos en ayudar a los otros quienes nos ayudan a lo largo de nuestro viaje. Recordar las cualidades de cada una de las Joyas –el Buda, el *Dharma* y el *Sangha*– restablece el refugio que buscamos en las Tres Joyas.

También reafirma nuestra generación de *bodhicitta* la determinación de alcanzar el estado plenamente iluminado de budeidad para ayudar a todos los seres sensibles a salir de su sufrimiento.

Seguimos todo esto con una breve práctica de acumular virtud, purificar las negatividades y aumentar nuestra virtud ofreciendo el mérito que hemos acumulado a todos los seres sensibles.

En nuestra práctica, combinamos dos formas de meditación: la meditación analítica y el estar en paz. La meditación analítica, en la que razonamos mediante una idea, nos permite llegar más poderosamente a nuestros pensamientos y emociones para producir cambios en nuestro comportamiento. En la meditación para estar en paz, dirigimos la mente hacia un objeto tal como la conclusión de nuestra meditación analítica, y mantenemos la mente centrada en ese objeto sin entrar en ninguna contemplación ni análisis. Combinamos estas dos técnicas de meditación alternándolas, contemplando el razonamiento lógico que establece nuestro vacío de existencia inherente, por ejemplo, y luego aplicamos la mente a la conclusión a que hemos llegado a través de la meditación analítica.

Cuando cultivamos la compasión, contemplamos inicialmente el sufrimiento experimentado por los otros por medio de la meditación analítica. Consideramos las diferentes situaciones desgraciadas en las que se encuentran los seres sensibles. Aplicamos líneas lógicas de razonamiento para llegar más profundamente al reconocimiento de las formas más sutiles de sufrimiento que experimentan. Cuando nuestro corazón esté lleno de empatía, surgirá en nosotros un fuerte deseo de eliminar su sufrimiento. Es en este momento cuando nos concentramos de forma única y constante en esta experiencia de compasión y nos abstenemos de otros análisis. De ese modo, alternamos entre las dos formas de meditación para lograr un cambio verdadero en nuestros pensamientos, así como en nuestras emociones y comportamiento.

La postura perfecta de meditación es la siguiente: espalda recta, ojos ligeramente cerrados, mirando hacia abajo, hacia el ángulo de la nariz, barbilla ligeramente metida, piernas cruzadas con los pies sobre el muslo opuesto, brazos ni apretados contra el cuerpo ni separados hacia fuera, manos sobre el regazo con las palmas hacia arriba, la derecha sobre la izquierda y con los dedos pulgares tocándose, boca cerrada, con la lengua tocando ligeramente el paladar. Esta es una postura difícil de mantener cómodamente sin una larga práctica, y, si es demasiado dura, sentarse recto en una silla con las manos cruzadas en el regazo es suficiente. Sin embargo, la postura del cuerpo afecta muy decididamente a nuestro estado mental, y es importante asumir una postura que nos permita mantener de manera eficaz el control de nuestros pensamientos mientras meditamos.

Comenzamos la sesión dejando a un lado nuestras preocupaciones, esperanzas, miedos y recuerdos, y llevando la mente a un estado neutro. Podemos hacer esto meditando sobre la respiración, siguiendo mentalmente cada ronda de inhalación y exhalación al completo, con la conciencia silenciosa. Veinte de esas rondas de respiración nos permitirán llevar la mente a un estado tranquilo, neutro. Si nos apresuramos a meditar antes de que nuestra mente se haya sosegado, es probable que solo aumentemos nuestro desasosiego y nuestra frustración.

Cultivar la sabiduría

Ahora, dirigimos nuestra mente al vacío. Empezamos tomando nuestra propia identidad como tema de nuestra concentración. Repitiendo el pensamiento "yo soy", buscamos el "yo" de esta frase. ¿Qué es y dónde está ese "yo"? Aunque la cualidad de vacío atribuido al "yo" sea idéntica a la de otros fenómenos, y aunque no sea imperativo que meditemos primero sobre la ausencia de un sí-mismo de la persona, se dice que es más fácil y eficaz comenzar con uno mismo como objeto de la meditación del vacío.

Así pues, ¿dónde está ese sí-mismo? ¿Podría ser el cuerpo? ¿La mente? Establecemos cuidadosamente cómo tendría que existir el sí-mismo si de hecho existiera. Luego verificamos claramente que ese sí-mismo no se puede encontrar entre las partes que nos constituyen, ni puede encontrarse separado de esas partes. Concluimos que, por consiguiente, no existe. Al familiarizarnos con esta práctica, la inexistencia del sí-mismo se hará cada vez más evidente. Cuando nos miremos en el espejo, sentiremos de inmediato: «¡No existo realmente!».

Procedemos entonces a examinar aquellas cosas en las que basamos nuestra suposición de "yo". Tratamos de localizar una identidad para cada una de ellas. Buscamos el cuerpo real entre sus partes: ¿es nuestra cabeza?, ¿el pecho?, ¿nuestros brazos?, ¿las piernas?, y concluimos que no hay ningún "yo" que encontrar entre las partes mentales en las que se basa el sí-mismo, como tampoco hay ningún cuerpo que se encuentre entre sus partes físicas. Cuando veamos un reflejo de nuestro cuerpo, recordaremos instantáneamente su insustancialidad esencial. De la misma manera, cuando busquemos nuestra mente, llegaremos a la conclusión similar de que no hay ninguna mente real que se encuentre entre todas sus partes constituyentes.

Así es como establecemos que el sí-mismo existe solo como un nombre que imputamos a sus partes separadas.

Los efectos de nuestra meditación analítica no serán inmediatamente evidentes. Sin embargo, con la práctica, a lo largo del tiempo, cuando nos habituemos a esta nueva actitud hacia nosotros mismos, notaremos un cambio. Cuando nuestra comprensión del vacío se ahonde, reconoceremos la posibilidad, al menos en principio, de alcanzar la liberación de toda la cadena de causación enraizada en la ignorancia fundamental que se adhiere al sentimiento del sí-mismo.

Comprometerse en el método

Debemos también meditar sobre el aspecto del método del camino a la iluminación, particularmente sobre *bodhicitta*. La meditación sobre *bodhicitta* consta de dos partes separadas. Debemos desarrollar el deseo de procurar el bienestar de todos los seres sensibles, y debemos fortalecer el objetivo de alcanzar la budeidad en su beneficio. Es la combinación de estas dos aspiraciones lo que caracteriza a *bodhicitta*.

La clave para generar *bodhicitta* es nuestro cultivo de la compasión. Como hemos visto, todos poseemos una semilla natural de compasión. En la infancia, nuestra supervivencia depende del afecto mutuo entre nosotros y nuestra madre. Igualmente, experimentamos y nos beneficiamos del afecto que recibimos de otras personas cercanas y queridas. Por medio de la meditación analítica, aumentamos y ampliamos esta compasión, transformándola en un sentimiento de simpatía por todos los seres sensibles y el deseo de que estén libres de toda forma de sufrimiento.

Esta actitud no aparece instantáneamente, sino solo a través del cultivo diligente durante muchos, muchos años. Con paciencia y devoción, debemos contemplar el estado de sufrimiento de los seres sensibles, y trabajar para adquirir desde las profundidades de nuestro corazón el deseo de que se liberen de él. Comenzamos considerando las formas de sufrimiento más descaradas y terribles, luego ampliamos nuestra meditación para incluir aquellas formas de sufrimiento que en la superficie no aparecen como tales. Finalmente, para producir la semilla de *bodhicitta*, debemos centrarnos en el sufrimiento omnipenetrante que llega como resultado del hecho de estar condicionados por el deseo, la aversión y la ignorancia en el centro de nuestro apego a nosotros mismos. Cuando contemplemos cómo los seres sensibles son víctimas del círculo vicioso de sus estados mentales afligidos, crecerá en nosotros una fuerte repugnancia hacia sus aflicciones y las nuestras.

Para tener un sentimiento verdadero de empatía por el dolor de los otros, empezamos por reconocer nuestro propio sufrimiento y la manera en que nuestras aflicciones nos abruman. En nuestra meditación, tratamos de comprender cómo nuestro estado de ser es invadido por el sufrimiento debido solo a que existimos en el círculo vicioso del *samsara*. Desarrollamos entonces el deseo de liberarnos de él. La actitud resultante es una actitud de verdadera renuncia. Cuando extendemos esta actitud a todos los demás y cultivamos el deseo de que encuentren la liberación de su sufrimiento, surge la compasión. Desarrollando y profundizando nuestro sentimiento de compasión, producimos la determinación extraordinaria: «¡Procuraré el bienestar de todos los seres sensibles!». De esta actitud surge *bodhicitta*.

Lograr la budeidad, el objetivo de nuestra meditación de *bodhicitta*, llevará muchos eones, o al menos muchas vidas. No debemos esperar lograr grandes realizaciones pronto, porque eso podría desanimarnos en nuestra práctica. Todos nuestros esfuerzos, incluso nuestros forcejeos con los temas más intrincados que hemos examinado, contribuirán a nuestra iluminación. Es, por lo tanto, esencial que trabajemos para cultivar las condiciones de renacer en una situación que nos permita continuar nuestro camino a la iluminación. Absteniéndonos de las diez acciones no virtuosas de matar, robar, tener mala conducta sexual, mentir, las palabras de división, las palabras violentas, el cotilleo ocioso, la codicia, la malicia y la opinión equivocada, evitamos causar daño a los demás y producir nuestro propio sufrimiento futuro. Esto nos prepara para una vida futura afortunada. Si renacemos como animales, no tendremos ninguna oportunidad de comprometernos conscientemente en la práctica de la virtud. Debemos, por consiguiente, alimentar el objetivo a corto plazo de un renacimiento bueno que nos permita continuar nuestra senda hacia el objetivo último de la budeidad.

Al final de nuestra sesión, ofrecemos el mérito que hemos acumulado como resultado de ella, para que nuestros esfuerzos beneficien a todos los seres sensibles. También podemos cerrar nuestra práctica reflexionando de nuevo sobre el vacío.

Cuando nos despertamos por la mañana, deberíamos intentar configurar nuestra mente. Establecer nuestra motivación para el día comprometiéndonos a beneficiar a los demás. Yo comienzo el día reflexionando sobre las cualidades del Buda. Luego me hago el propósito de dar sentido al día entregándome al servicio de los otros, y, como mínimo, absteniéndome de causarles daño. Luego empiezo la meditación tal como describí antes. Esto afectará positivamente a mi actitud durante el resto del día.

Como resultado de la actitud de fijar nuestros motivos al comienzo del día, cuando nos enfrentamos a situaciones que nos provocan enfado, aumentará mucho nuestra capacidad de permanecer pacientes y nos abstendremos de perder la paciencia. Igualmente, el moldear nuestra mente mediante la meditación analítica incrementará nuestra capacidad de abstención cuando seamos tentados por los objetos de deseo, y nos proporcionará la fuerza interior necesaria para evitar otras aflicciones, como el orgullo y la arrogancia. En nuestra sesión diaria de meditación, desarrollamos el músculo de la abstención o control; luego manifestamos nuestras actitudes interiores en las acciones diarias.

Cuanto más tiempo libre dediquemos a dar forma a la mente, mejor será el resultado. Recomiendo levantarse temprano para usar la mañana para la meditación, especialmente porque nuestra mente está a menudo más fresca y más centrada entonces. Debemos también asegurarnos de que dormimos lo suficiente, para estar bien descansados y ser capaces de entregarnos a nuestras responsabilidades espirituales.

Debemos practicar de forma coherente. No podemos esperar resultados si solo meditamos de manera esporádica. Es a través de la continuidad de la práctica como el cambio interior empezará a producirse. Aunque no debemos esperar cambios en unos días, semanas, ni siquiera meses, después de algunos años de práctica entregada, con toda seguridad aparecerán los cambios. No podemos esperar ningún progreso si nos entregamos a nuestra práctica como una moda, practicando un poco y cambiando luego a otra disciplina. Debemos practicar de forma continuada.

La idea de que son necesarios eones de práctica para lograr la iluminación plena de un Buda es una idea que amedrenta. Pero cuando medito en la absoluta enormidad de la tarea que está ante mí, eso realmente me da fuerza para dedicarme tan plenamente como puedo a servir a los otros seres sensibles. Aunque ese voto pueda parecer tan solo una ilusión, puede inspirarnos para adquirir confianza y para reconocer que nuestra existencia puede tener valor para los otros. Esto da sentido a cada día de nuestra vida, infundiéndonos coraje y poder.

El propósito de la sabiduría

El propósito de cultivar la comprensión del vacío y de meditar sobre el vacío es adquirir una perspectiva auténtica sobre nosotros mismos y el mundo que nos rodea.

Durante la misma meditación sobre el vacío, se debería estar completamente absorto en la conciencia de vacío. Durante la meditación concentrada sobre el vacío del "sí-mismo", la mente del meditador se centra en algo negativo: no afirma nada. La conciencia está experimentando una mera negación de cualquier existencia intrínseca del "sí-mismo". En este estado, uno no se enfrenta a ningún reto real. La verdadera prueba de la experiencia espiritual se afronta cuando salimos de esta absorción meditativa y nos encontramos con el mundo. Las facultades sensibles, como la vista y el olfato, se vuelven activas de nuevo cuando están expuestas a condiciones internas y externas. Ese es el momento en el que nuestra recién adquirida percepción de todos los fenómenos como ilusorios servirá para ir en contra de nuestra tendencia natural a aferrarse a una sensación del sí-mismo.

La meditación sobre el vacío nos permitirá también usar la adversidad como un paso en el camino a la iluminación y experimentar la actitud expresada por el maestro cachemir Shakya Sri: «Que cuando sea feliz pueda dedicar mi felicidad a todos, y que cuando sufra, el océano de desdicha se seque». Para quien es verdaderamente capaz de practicar *Dharma* de esta manera, vivir en el corazón de la ciudad de Nueva York es más eficaz que estar aislado en la cima de una montaña. Si no hemos adquirido la paz interior necesaria, entonces, aunque vivamos la vida de un ermitaño, nuestra mente estará abrumada por la ira y el odio, y no tendremos paz alguna.

Como nos dice alentadoramente Shantideva en su *Guía del modo de vida del bodhisattva*, deberíamos trabajar para «vencer toda forma de fatiga y cabalgar el caballo de *bodhicitta*, viajando de un lugar de alegría a otro. ¿Qué persona inteligente no disfrutaría con ese viaje?».

Epílogo

Epílogo

Hace muchos años, tuve la dicha de poder preguntar a Su Santidad el Dalái Lama cuál era la enseñanza más importante del Buda. Quedó en silencio durante un momento. «*Shunya*», dijo. «Vacío». Según mi propia experiencia, las enseñanzas del Buda son de un beneficio inmenso para nosotros. Como medicina eficaz, repercuten en nuestros asuntos personales de una manera muy específica. Y, por supuesto, comparten resonancias sorprendentes con maestros y enseñanzas de otros caminos espirituales. El amor, la compasión, la caridad, la honradez, la amabilidad, la generosidad, el altruismo, la alegría y el perdón son cualidades que la mayor parte de los seres –si no todos– reconocen y admiran. El budismo pone gran énfasis en desarrollar estas cualidades maravillosas hasta su plenitud.

Pero el gran y sin par regalo de Shakyamuni Buddha para nosotros fue explicar la causa raíz de todos nuestros problemas, tanto a nivel individual como en nuestras comunidades y naciones. Esa causa es la creencia incuestionable en un sí-mismo independiente, eterno. Sufrimos y nos comportamos mal porque creemos que existimos a la manera que parece que existimos, impulsados por nosotros mismos, independientes y reales.

El Buda indicó que esto era una alucinación, una mentira que finalmente había provocado todos nuestros problemas y todo nuestro sufrimiento desde tiempo inmemorial. Estamos tan acostumbrados a esta falsedad –tan saturados de ella– que solo vemos atisbos de la verdad con un esfuerzo enorme y sostenido y con la amable ayuda de aquellos que, más allá de la alucinación, se han visto a sí-mismos.

Como actor y productor cinematográfico, me asombra mi propia disposición a suspender mi increencia cuando veo una película. Evidentemente, sé que no hay literalmente nada sino luz y sombra proyectadas a una velocidad de veinticuatro imágenes por segundo sobre una pantalla blanca y lisa. Es un truco de magia ideado por los magos creadores del cine. Sin embargo, puedo quedar atrapado en mis propios trucos. La película que experimentamos es una convención, un lenguaje para narrar historias que aceptamos de buena gana. Nuestra mente hace el resto: llenando los vacíos, creando la ilusión de una realidad sólida, de movimiento y continuidad. Sobre la base de nuestra disposición a entregarnos a la ilusión como si fuera algo *real*, generamos emociones. *Amamos* a los héroes. *Odiamos* a los villanos. *Tememos* a los monstruos. *Lloramos* de alegría o de tristeza. Somos transportados. Esta sensación de realidad se confirma por el flujo de nuestras emociones.

Se encienden las luces y "despertamos" a la realidad convencional y podemos hablar con cierto grado de risa y desapego, de admiración o desdén, de las dos horas de realidad cinematográfica en que nos hemos sentido trasladados a otro lugar. El conjuro mágico se ha roto. Pero todavía queda algo.

Tal vez nuestra corta vida sea, metafóricamente, lo mismo. Nos entregamos a la experiencia de la vida como algo real, confiando en que nuestros sentimientos, pensamientos y emociones son reales simplemente porque los experimentamos.

Desde un punto de vista budista, puede que la superficie de las cosas no sea tan de fiar. Incluso se cuestiona la idea de un sí-mismo. Y el budismo sugiere que eso es todo lo que es: una idea. Que "allí fuera" está profundamente relacionado con "aquí dentro" de maneras que probablemente nunca consideramos. Experimentamos "allí fuera" no como *eso es*, sino como *nosotros somos*. Nuestro mundo y nuestra experiencia de él se proyecta en la pantalla blanca de la conciencia. Es un relato.

Se dice que la enseñanza final del Buda a sus discípulos fue «dominad vuestra mente», lo que implica también «*adiestrad* vuestra mente», que significa que después de haber aminorado la cháchara continua de la mente y aflojado la naturaleza obsesiva de nuestra creencia en un sí-mismo permanente, uno puede entonces *adiestrar* su mente para ver con claridad y discernimiento la verdadera naturaleza de la mente misma. Esta naturaleza verdadera es vacío.

Todo, el sí-mismo y los fenómenos, todo lo que experimentamos, incluso el vacío mismo, está vacío de existencia inherente. El Buda no sugería que el sí-mismo, los otros, y los fenómenos, no existen. Existen. Simplemente no existen a la manera en que *parecen* existir. Todo existe de forma interdependiente, en un flujo constante de llegar a ser, cambiar y transformarse. Si es así, entonces, al final, lo único que se puede abrazar con convicción es la pura esencia de la mente. Esta es vacío: la mera pantalla en la que se proyectan el mundo y la historia del sí-mismo.

Cuando tenía poco más de veinte años, habiéndome dedicado primero seriamente al budismo, el concepto de vacío me sugería un vago tipo de olvido. Pensaba que si era capaz de alcanzar *shunya*, literalmente desaparecería. No más yo, por tanto, no más sufrimiento. Era una negación de la vida misma, y, desde luego, bastante estúpida. Pero es vitalmente importante saber quiénes somos... y qué es el mundo. Necesitamos una visión correcta y constante que nos mantenga en la pista.

Pero el vacío no es un concepto. No es una idea. Es la manera en la que las cosas son. No tiene centro ni fronteras. No es estático. No se puede descubrir en el lenguaje convencional. La gran poesía nos podría señalar la dirección correcta. Pero la gran ballena blanca que busca el budista es la budeidad, un completo despertar de la limitación, un completo despertar de la alucinación de un sí-mismo eterno e independiente. Y solo se puede lograr mediante la motivación de la compasión desinteresada por todos los seres sin excepción.

La experiencia auténtica del vacío es como el avistamiento de la gran ballena blanca. Valor, sabiduría, determinación y gran compasión son nuestros arpones.

Pero nada de esto es fácil. Después de casi cuarenta años de práctica y cientos de enseñanzas de maestros increíblemente pacientes, la ballena sigue siendo esquiva.

Lo que puedo decir es que incluso con los comienzos de una comprensión intelectual del vacío, las prácticas meditativas sobre el desarrollo de la sabiduría y la compasión se hacen cada vez más ricas y productivas. Empieza a aflorar un cierto sabor, una cierta confianza en que el objetivo es posible. La naturaleza de uno se vuelve más blanda y las emociones aflictivas pierden su dominio.

Hace poco le compré a mi hijo un guante nuevo de béisbol. El anterior se le había quedado pequeño. Tenía que elegir entre dos guantes muy buenos. Eligió el guante que peor se le amoldaba, el que no podía usar inmediatamente porque el cuero era más grueso y más rígido. Necesitaría más trabajo y atención. Pero como nos dijo el experto, al final sería el mejor guante para él, y le duraría más. Así, durante unos días estuvimos frotándolo con aceites especiales, trabajándolo, dándole vida. Y lentamente se ha ido suavizando y haciéndose flexible. Y seguirá mejorando cuanto más lo use.

Lo mismo sucede con las enseñanzas de Su Santidad. Nada de esto es fácil. Todo supone esfuerzo. El propio Buda casi murió con su esfuerzo. Pero las recompensas son grandes. Más

allá de toda medida. Me parece increíblemente conmovedor
que estos grandes seres, como Su Santidad el Dalái Lama, sigan haciendo el esfuerzo de levantarse, sigan haciendo el duro
esfuerzo de trabajar sobre sí-mismos cada día, todo el día. Incluso con la inmensa sabiduría y compasión que Su Santidad
ha generado a lo largo de innumerables vidas, sigue levantán-
dose todos los días a las tres y media de la mañana para fijar
su motivación altruista y comenzar sus horas de prácticas antes de entregarse a otro día lleno de ser en beneficio de otros.
¡Qué fuente de inspiración!

Mi querido amigo y maestro Khyongla Rato Rinpoche y yo
estamos profundamente agradecidos a Su Santidad por su amabilidad y su paciencia al ofrecernos estas enseñanzas extraor-
dinarias. Y, desde luego, también quiero dar las gracias a mi
compañero, el Venerable Nicholas Vreeland, por compilarlas
en este excelente libro.

Que sea de alegre beneficio para todos los seres. Que todos
alcancemos la felicidad y la causa de la felicidad suprema, la
budeidad.

RICHARD GERE

editorial **K**airós

Puede recibir información sobre nuestros
libros y colecciones o hacer comentarios
acerca de nuestras temáticas en

www.editorialkairos.com

Numancia, 117-121 • 08029 Barcelona • España
tel +34 934 949 490 • info@editorialkairos.com